[以] 郭征明 译

高效
说服力

文化发展出版社
Cultural Development Press
·北京·

图书在版编目(CIP)数据

高效说服力/(以)雅尼夫·扎伊德著;郭雅晴译.—北京:文化发展出版社,2024.1
ISBN 978-7-5142-4140-2

Ⅰ.①说… Ⅱ.①雅…②郭… Ⅲ.①销售-语言艺术-通俗读物 Ⅳ.①F713.3-49

中国国家版本馆CIP数据核字(2023)第208693号

版权登记号:01-2023-5966

高效说服力

[以]雅尼夫·扎伊德 著 郭雅晴 译

出 版 人:宋 娜	策划编辑:孙 烨	责任编辑:孙 烨
责任校对:岳智勇	责任印制:杨 骏	特约翻译:陆艺文(乐译通)
封面设计:瞬美文化		排版设计:辰征文化

出版发行:文化发展出版社(北京市翠微路2号 邮编:100036)
网　　址:www.wenhuafazhan.com
经　　销:全国新华书店
印　　刷:固安兰星球彩色印刷有限公司

开　　本:710mm×1000mm 1/16
字　　数:185千字
印　　张:14
版　　次:2024年1月第1版
印　　次:2024年1月第1次印刷

定　　价:49.80元
ISBN:978-7-5142-4140-2

◆ 如有印装质量问题,请与我社印制部联系电话:010-88275710

前言

预测未来——读完这本书，你就会得偿所愿！

多年以前，在我孩提时代，以色列曾流行一种叫作巴祖卡（Bazooka）的泡泡糖（即使是现在，它的热度仍不减当年）。这种泡泡糖口味极佳，而且内附"预测未来"的信息，故而风靡一时。每一条泡泡糖里面都夹带一则迷你连环漫画，漫画底部则是一小段文字：要么告诉你某些生活常识，要么为你预测未来。

当时的占星术还不似今天这般普及，懵懂无知的我们无比好奇自己的未来究竟会变成什么样子。那些预测未来的信息五花八门，有的说"你很快将遇到某位大人物"，有的说"你下周会收到一份礼物"，等等。

但是令我印象最深刻的却是：到了21岁，你会登上月球（梦想成真）。

当时年幼的我常常思考这究竟是什么意思，我很好奇究竟是什么人写下了这则预言，他（她）究竟是什么意思呢？年幼如我，也知道这指的不是我到了21岁的时候会登上月球（即便年岁再增长些，这也不太可能发生，因为很少有人在自己21岁的时候就做到这点）。

后来我长大了，某天我如梦初醒般豁然开朗，明白了这句话到底是什么意思：永远不要停下奋斗的脚步，要永远保持进取心，要以最快的速度，在最好的年纪（当然了，此处的最好指的越年轻越好）实现内心的渴望；不要那么早就想着退休，也不要指望好事会一起来到，更不要想着世界和平这类事情。

过去这些年，在研究成功之术的同时，在生意和职业生涯慢慢成熟的过程中，我越发清晰地了解到，一个人究竟该怎样用最少的时间取得最大的成功。我逐渐明白，成功取决于你能够挖掘自身拥有的说服能力的程度。这些能力包括：

以简练的语言向其他人解释自己需要对方做什么；

同人们愉悦地交谈，让他们喜欢自己；

调动身边的人，让他们感到快乐；

将一个故事讲得生动有趣，使人们乐于聆听；

激励人们采取行动，即使这意味着他们不得不跳出自己的舒适圈；

向不熟悉的人推销某种理念、信息、产品或服务。

拥有了这些能力，你便能以最快的速度、最有效的方式取得个人生活、职业生涯和商业之旅的进步，进而斩获成功。

实话实说，在这些方面我担得起专家的名号；自2003年以来，我已将这种能力传授给了许多人。

我也能够为你预测未来。

几天后，或是数个星期、数月后，你将坐在家里或办公室中，如饥似渴地阅读这本书。读完后，你惊讶地发现，你已经掌握了许多有趣而又实用的方法（如果你能看清其中某些方法的本质，你会情不自禁地微笑或是捧腹大笑）；你惊喜地发觉，你已经学会了如何更好地向身边的人传递信息，如何影响他人，如何让身边的人更喜欢、赏识并崇拜你。

你能在很短的时间里掌握并实践上述种种方法（请相信我，我知道你一定会的）。

我很期待你在读完这本书后能够参与到我的活动中来，如此一来，你便能享受这些经验和技能带来的好处，我们也能共同谋划美好的未来。

请带着愉悦的心情踏上阅读之旅，并即刻展开行动吧！

以上，敬启

雅尼夫·扎伊德博士

关于本书

究竟是什么，使得犹太人成为全世界最具经济头脑、最成功的民族？

以色列这一弹丸之地如何变身"后起之秀"，成功跃升为全世界最大的初创企业聚集地？

犹太人究竟手握什么秘密法宝，让他们在已近饱和的市场中高价卖出自己的产品和服务？

他们是怎样在竞争激烈的市场中保持创造性思维的？

如何才能够像他们一样，不断壮大消费群体，吸引顾客花钱购买自己的产品，而对竞争对手"弃之如敝屣"？

怎样先发制敌，进行创意宣传和营销，并且提高市场行为的有效性？

法学博士雅尼夫·扎伊德（人称"说服"博士）具备高超的说服艺术，饮誉世界，同时他还是一位经验老到、魅力四射的演说家，著有畅销书《说服和影响大众》（Persuade and Influence Any Audience）。在这本书的续篇中，他披露了犹太商人自亚伯拉罕时代以来所惯用的种种"独门秘籍"：如何增加收入，树立专业威信，打造并维持稳定的顾客群，采用创意的手段营销，最大限度地提高销量。这些"秘籍"无不将新颖和有效演绎到极致。

迄今为止，扎伊德博士发表了1600多场演讲，在全球四大洲皆设有讲习班。他为全球各领域570家公司和企业提供私人以及业务咨询服务。超过40万人浏览过他在YouTube视频网站上的演讲，在2003年举办的世界范围内个人演说家比拼中，扎伊德博士荣膺第三。除了上述这些宝贵经验之外，雅尼夫·扎伊德博士还出版过一系列畅销书。因此，如果你想要在私人生活以及业务、专业领域内大获成功，扎伊德博士可谓是你的最佳选择，他会向你展示所有的秘密法宝。

　　读罢本书，所有人——不论你是经理、靠月薪谋生的雇员、自由职业者、企业家、大公司的CEO，还是小企业主，都会受益良多。譬如：

　　赚更多的钱，收获更成功的人生；

　　改变固有的思维和行为方式；

　　变得更加积极主动，跟上时代的浪潮；

　　为公司的经营和经济状况承担更多责任；

　　从周围人不同的经历中汲取不同的经验教训；

　　更敏锐地发掘潜在的商业机遇和人生际遇；

　　以更积极乐观的态度面对生活；

　　向整个世界喊出自己最响亮的口号！

谨以此书献给：

我可爱的孩子诺米（Noam）和约阿夫（Yoav）。我是越来越喜欢这两个小鬼了，是他们给了我更多的创作灵感。

谢谢我亲爱的家人，你们给予了我莫大的支持，总是给我不竭的动力；你们不求从我身上得到任何回报，只是衷心地希望我过得好。没有你们，我不可能取得现在的成就。

同时还要感谢我的朋友、客户、同事、经纪人、出版公司、供货商，而最主要的则是我团队的所有成员。过去许多年来，他们始终不离不弃陪伴在我身边，彼此激励，一同成长；他们对我的业务成熟以及职业和个人成长贡献良多。

没有他们就没有这本书。

目录

PART 1 如何高价卖掉你的产品和服务？

一束普通鲜花和新娘捧花之间的差别是什么？ /002
如何鼓励自己提高价格？ /006
我们为什么要和自己谈判，而不去和顾客磋商呢？ /008
一个西红柿卖到 24 美元是怎么做到的？ /010
和顾客会面为什么应当收费？ /013
在和顾客抬价时，为什么不要太过"戏剧化"？ /021

PART 2 如何在竞争中始终保持创造性思维？

万万不可给顾客折扣，原因何在？ /024
那些没有人教过你的最重要的事情是什么？ /026
为什么你要竭力成为"华尔街之狼"？ /029
演讲时，我为何令数百人突然纷纷离场？ /031
什么是细节？ /034
如何让顾客觉得他们不是你唯一的买家？ /037
顶级厨师为何不惧怕向外界公开自己的烹饪秘方？ /040
社会名流为什么热衷与粉丝"自拍"？ /043
如何避免客户"越俎代庖"、抢走你分内之事？ /046

PART 3 如何激发人们的购买欲望？

在会议上你会接受别人端来的饮料吗？ /050
什么时候不适合接电话？ /052
请客户参加活动时为何要准备小点心？ /054

为什么赠品也需要"卖"出？/057
如何巧妙地提问？/059
如何运用社会认同这种强大的说服力工具？/061
如何管理你的客户？/063
为你的产品或服务打造一种"期待效应"/066
拼命向顾客输出大量信息并不能达成销售 /069

PART 4 为什么你必须行动起来？

如何充分把握人脉和挖掘商业潜力？/074
起用"千里马"还是选择"野马"？/076
如何主动出击挖掘潜在客户？/079
第一次演讲为什么是最容易的？/082
要主动出击，不要被动等待 /084
窘迫演讲后，你能采取的最佳行为是什么？/086
内心深处的渴望将助你成功 /088
如何在专业技术领域营销自己？/091
演讲的核心是演讲者本人，而不是幻灯片 /094
为何"躲在键盘后面"沟通是很不明智的？/096
什么样的行动能帮你收获更多的客户？/100

PART 5 如何吸引消费者购买你的产品？

如何"诱使"消费者不在竞争对手那里花钱 /108
顾客不买你的产品的头等理由是什么？/111
人们为什么一遍又一遍地重复相同的行为？/113
一个细节就能动员人们行动起来 /115
如何缩短你的学习曲线？/117
如何成功地吸引客户的注意？/119
如何对待"不成熟的"顾客？/122
一招教你识别出谁是"好"客户，谁是"坏"客户 /125
如何"炒掉"那些"不甚理想的"客户？/128

| 目 录

PART 6 怎样高效且有创意地宣传和营销？

为什么大部分人都未能成功玩转网络营销？ /136
竞争对手如何能够无形中增加你的销量？ /139
如何传递正确的营销信息？ /141
如何运用情感营销方法？ /143
如何有效运用同辈压力说服工具？ /145
为你的产品或服务制造社交证据 /147
让人们甘愿掏腰包的最佳方法是什么？ /149
促使客户选定某个供应商的主要原因是什么？ /152
你最在乎谁的利益，你自己的还是客户的？ /155
为什么太多的选择反而会让我们迷茫？ /157
在打销售电话前应当采取哪些关键性的行动？ /159
如何判断顾客是否对你提供的东西感兴趣？ /161
你是否花费太多时间跟客户聊天？ /163
如何回复客户"我需要再考虑考虑"这句话？ /166

PART 7 如何让人们全身心投入于营销文字中？

如何对你的客户进行细分，做到精准营销？ /170
什么样的营销文案最能吸引听众和读者？ /173
如何做到真心地关爱你周围的人？ /175
当你讲故事时，细节是最重要的 /177
向你的顾客提供社会证明以此说服顾客 /180
最能鼓动消费者掏钱购买的是哪个宣传词？ /182
在写营销推文时，面临的最大难题是什么？ /184
当你表达出个人感情时，顾客为什么会买下更多东西？ /186
是否有必要关注你的产品和服务适合什么年龄的群体？ /191

PART 8 如何让人们乐此不疲地谈论你和你的产品？

让你的顾客谈论你和你的产品、服务 /194
重点展示你的成功客户 /196
如何做一个好的商业顾问？ /198
有关你的众多事情，和你谈话的人最该知道什么？ /200
给你的客户提供参与体验的机会 /202
成功人士掩藏起来不想让你知道的是什么？ /204
如何让人们对你保持长久的探究和思考欲望？ /206
扪心自问：你到底有多想学习如何说服别人？ /208
给员工送什么礼物更好？ /211

PART1

如何高价卖掉你的产品和服务？

一束普通鲜花和新娘捧花之间的差别是什么？

当一束普通的鲜花被用作新娘捧花（即整场婚礼中用于拍照环节和献礼仪式的捧花）时，它究竟会变得有什么不同？

阅读完本文，你将找到问题的答案。不过在这之前，我想先跟大家分享一个暖心的小故事。

平素我会自己写点东西，付梓后在亚马逊上出售，这构成了我生活的一部分；工作之余，我则常会浏览其他书籍和CD的定价和推广情况。

在此，我想和你们分享观察到的一件好玩的事——一张收录了莫扎特99首经典曲目的光盘在亚马逊上的售价是8～11美元（取决于CD或DVD的促销力度、生产日期和质量）。

这听起来似乎还不错，不是吗？然而，在面向成年人的"经典莫扎特"音乐市场之外，还存在一个叫作"小小莫扎特"的业务模块（你们有些可能尚未为人父母，而有些可能孩子已经会打酱油了。"小小莫扎特"的受众群体为新生儿以及0～3岁的幼童，这些曲子能让他们安静下来，不再哭闹，或产生其他类似的效果）。你能想象吗？亚马逊上卖的包含10首莫扎特经典乐曲的"小小莫扎特"光碟售价为39美元至51美元不等！！！

对于那些仍然一头雾水的读者，不妨让我把话说得更清楚些——它们包括的是完全相同的曲目（完全一样，毫无二致。要知道，莫扎特从来没有专门为儿童创作过任何曲目）。

每张"小小莫扎特"CD包括的曲目更少（成年人能享受99首，而儿童碟片只有10首），而售价却是成人版的5倍还多！

何以至此？原因很简单——它们是为孩子设计的。科学研究表明，人们在以下三个领域投入的钱最多，而其投资往往是和产品的实际价值不成正比。这三大领域包括——健康、婚庆、育儿。

先说说育儿吧。据对全世界所有家庭展开的一项调查显示，从孩子出生时开始计算，至其长至18岁，一个普通的西方家庭平均在每个孩子身上的花费为几十万美元——无论其社会经济地位如何！你很可能会问，一个普通的家庭如何能够在每个孩子身上投入这么多金钱？答案是肯定的——普通家庭做不到这点！但是家长们仍然前赴后继，把钱砸在养育孩子上。原因就在于，"养孩子无小事，笔笔花销都是大事"。这也就不难解释为什么一张"小小莫扎特"光碟的价格是"成人版"的5倍了。

现在，让我们将目光转向第二个领域——健康。世界上有很多人做着普通的工作，领着微薄的薪水（差不多每个月1300美元），生活极其拮据，但是身边的人却告诉他们：你们本该赚更多钱的，你们也有这样的能力。即便如此，他们依然郁郁寡欢，对生活不抱任何希望。突然有一天，他们（或者其他某位家庭成员）生了急病（看在上帝的分上，他们可真可怜），亟须动手术——开销大概在10万美元。他们很快就筹到了这笔钱——他们拼命工作、身兼数职，发起募捐活动，向身边的人借钱，想尽一切办法凑足这笔手术费。他们找到了正确的办法增加收入，筹得了这笔对他们而言高得离谱的钱。为什么要这样？因为在健康方面任何一笔开销都是必不可少的。

现在进入第三个领域——婚礼。让我们回到最开始那个问题：一束"普通"的鲜花和新娘捧花之间的差别在于——几十美元！其中的差距不是25美元，平均算下来是125美元。它们分明是同一束花！

为什么会这样呢？因为两者目的不同。人们通常会为婚礼花费巨资。因此，如果你的业务属于育儿、健康和婚礼这三大领域中的一个，不论是销售产品还是服务，我都要说：你真是个幸运儿！我不想理会你们的怨声载道，抱怨"市场情况糟糕"，或是"竞争压力太大"。事实并非如此！如果你涉足的是三者以外的领域，你就会明白"将问题扼杀在萌芽阶段"有多么重要。

一项任务越重要（或紧急程度越高），作为消费者的我出钱解决它的意愿就越强烈。因此，在向消费者兜售鲜花（或其他产品）之前，你必须弄清楚他们要用这束花来做什么。

如果你销售的不是名牌产品，你的收益就会比较尴尬！

几年前，一位客户给我讲了一个有趣的故事。他是一名电脑进口商，负责向企业宣介、兜售电脑。大多数情况下，他遭遇的只有冷待——企业主会以各种各样的借口拒绝他，对此，他从来没有问过原因。他的电脑分明比竞争对手的更好，价格也更公道（大概所有的采购经理都会这么想吧）。终于有一天，他忍不住去问那些曾经拒绝他的人，为什么不买他的产品（他这样做是为了把事情弄清楚，提高工作的效率）？其中一位曾让他吃过闭门羹的采购经理给出了直截了当的回答，让他惊诧不已。那位采购经理说道："听着，我知道你公司的电脑比IBM（美国国际商用机器公司）质量更为上乘，价格也更为公道，但是我下一笔订单还是会流向IBM。为什么会这样？原因就在于，如果我是从IBM订购的电脑，在出现问题或故障的时候，没有人会解雇我。但是，如果电脑是从你这里购买的，在发生问题后我一定会被炒掉！"

这个回答并没有什么好令人吃惊的，那位采购经理不过道出了其他所有不愿意买他电脑的客户的心声。客户向我讲述这个故事时，我丝毫不感到惊讶，因为我对于类似的情况早已见怪不怪。

在举办此类针对采购经理和销售代理商开展的讲座时，我有十足的把握：请我来的培训经理十分在意这场讲座对参与者而言是否有益，是否会激发他们的思考。如果他们能够从中有所收获，在未来的日子里，他们就能用所学到的知识来提高公司的利润。嗨，是我太过天真了吗？

论及其中原因，不妨想想培训经理关心的首要因素是什么？那便是：到访观众能够享受这一讲座，尤为重要的一点是，没有人会向他抱怨！其他部门经理也不会一脸震惊地前来质问他："这场讲座究竟怎么回事？！这个糟糕的发言人是谁？！我们花了那么多钱，结果就盼来这么一出乱七八糟的闹剧？！"由于请了一位无趣的发言人，这位培训经理会遭到重斥，甚至还会被炒鱿鱼。因此，培训经理（通常意义上来说）不会冒险请一位名不见经传的演说者，而是会锁定那些众所周知、成功的演说家，换句话说，他们渴求的是——知名人士！

这些人最有可能给出一场成功的、引人入胜的讲座，最不需要人担忧。即便不小心搞砸了，培训经理也可以故作惊讶地对怨声载道的经理说："你还想我怎么样呢？他是最受推荐的人选，拥有丰富的经验。谁能想到他也会把事情搞砸？"

类似的，在采购经理的案例中，如果他是从IBM那里买进的电脑，即便电脑出了问题也不会被解雇。

因此，在对市场不很了解的情况下，若想卖出产品，即便对方是一位新客户，你也要给予对方充分的安全感同你合作。如果他选择与你合作，你必须尽最大可能避免发生不愉快的事情，这样一来，他才不会因为选择了你而承受任何责备。

如何鼓励自己提高价格？

情景一：

假设你是一名专业人士或企业主，你想提高自己的产品或服务的价格。如何才能轻松而自信地把价格变更告知已有客户（新价格比他们之前熟悉的价格要高）？

情景二：

在给别人打工若干年后，你终于有能力创办自己的公司或企业了。你该如何以最平和而有效的方式实现"精神层面的转变"？

情景一的对策：

将新的（上涨的）价格写在纸上，多看几遍，在镜子面前或是对着同伴、配偶或同事大声念出来，然后再告诉客户价格的改变。

情景二的对策：

为自己制作一张商务名片，上面印好业务或公司标识，并且在你的名字下方注明自己的身份——首席执行官、所有者或创办者。

上述两种情景和解决对策有什么共同点？

两种情景告诉我们，在劝说别人之前，你首先要说服自己。在我将新价格告知客户之前，我首先需要让自己接受这一价格，给自己打气，告诉自己提高价格是正确之举。而在向他人介绍我的情况和立场时，则必须从内心深处生发出一种满足感。毕竟，所有的企业家、生意人和公司老板都是从无到有，白手起家的。

除非你对自己的方案足够自信，否则没有听众会相信你说的话；除非你能首先说服自己，否则劝服别人将会无比困难。

也就是说，说服能力源于你的智慧，源于你对自身的思考，也就是俗称的商业智慧。

我们为什么要和自己谈判，而不去和顾客磋商呢？

曾经有一位顾客向我寻求帮助，我们展开了一场有趣的对话。身兼讲师、教练和顾问三职的她最近拿到了一笔大公司发来的订单（之所以获得这笔订单是因为她曾以导师项目的名义展开了一次营销活动）。她给我打电话，希望我能够指导她给工作坊定价并开具报价单。

我马上意识到她可以趁此机会"得到晋升"，开的报价可以远超以往，合作的客户也比以往厉害得多。我把预估的报价告诉了她，而她原定的价格比我建议的要低许多。听到我报给她的数字后，她"颇为惊讶"，开始与我争论。

"他们绝不可能同意支付这么大金额的费用的！""谁会给出这么多钱？！"

我告诉她的确会有人出这么多钱，并跟她分享了我的经历：与我合作的同一家公司就曾向我支付了比往日高得多的报酬。我告诉她，不论在什么情况下，开出更高的报价都是值得一试的，可以提升自己在对方眼里的价值。

在我们争论的过程中，她一直在向我解释（这一点我是支持她的）她的要价为什么比我建议的要低。她甚至反复强调："我对现在这个价格就已经很知足了。为了安全起见，我甚至愿意开价更低。"

我终于忍不住打断了她："瞧瞧你在做什么。你谈判的对象是你自己，以及在为你出谋划策的我，却一次都没有与客户聊过！你根本不知道他们的预算是多少，料不到他们会做出什么样的反应，甚至也不去打听一下他们一贯开出的价格是多少。"

她很"害怕"对方在听到她的要价之后会拒绝（然而事实上他们很需要她，因为是他们设法找到的她），所以她把价格（自己暗暗揣摩着）降了又降。在我看来，她的要价非常低，利润空间太小，不足以和她的专业能力匹配。

从这场谈话中我总结出了几点心得。

第一，大部分人都会低估自己的价值，他们从未想过（今后也不会去思考）自己究竟可以赚多少钱。

给你的产品和服务开出更高的价格。

第二，这件事完全取决于你。最艰难的说服莫过于自我说服。

相信自己——你配得上自己开出的报价，你有足够的专业权威性，而这一点你有必要让你的客户充分了解，如此一来，索要较高的报价就会容易许多。

第三，在进行金融谈判时，你要关注的并不是你想要获利多少（以及你可以做出让步的程度），而要从对方的角度看待问题，也就是他们愿意（以及有能力）支付多少酬劳，他们可以从你身上获取何等价值，他们的预算有多少，你所拥有的知识和经验对他们而言有多少价值等。

这才是看待问题应有的方式，也是你做出定价的参考和依据。

一个西红柿卖到24美元是怎么做到的？

2019年7月，《纽约时报》发表了一篇文章，对纽约一家名为"HaSalon"的餐厅发表了尖刻的评论。餐厅的主人是知名的以色列大厨——埃亚勒·沙尼。

在这篇报道中，美食评论家史蒂夫·科佐内对一个切片西红柿要价24美元表达了强烈不满。"它尝起来的确还可以，但是比起我吃过的最美味的西红柿却还差得远哩。"这位久负盛名的美食评论家这样说道。他说这家店的名字也可以译为"沙龙"，在希伯来语里则是"起居室"的意思，仿佛在向食客戏谑："嘿，白痴！我就是要逗你玩。"

由此引发的一些问题值得我们深思。首先，一个切片西红柿售价24美元是否太有悖常规？其次，主厨埃亚勒·沙尼卖的究竟是什么？最后，这样的评价会给一家餐厅带来什么影响？

我需要稍微调整一下第一个问题的问法——一个西红柿究竟值多少钱？

如果你去市场或超市买西红柿，你会发现不同地方西红柿的标价各不相同（取决于西红柿的种类和该地段的社会经济发展水平）。私人商店里西红柿的售价更是时常令人"惊掉下巴"，有机食品店开出的价格也同样骇人听闻……

所以如果你问我"一个西红柿究竟值多少钱"，我的回答便是——这取决于消费者愿意为之支付多少！

这家店几乎大部分时间都座无虚席。按照自由市场和私人餐厅所遵循的供需一致原则，如果大部分客人都愿意花24美元买一个西红柿（以及24美元的一片牛油果面包——说白了就是买一个牛油果和19美元一袋的青豆），那就说明这笔买卖在他们看来是值得的。

让我们把目光转向第二个问题——24美元一个的西红柿究竟能让就餐者享受到什么？

答案当然不是西红柿本身。人们并未丧失理性。和其他同类餐厅一样，HaSalon所提供的是美食之外的就餐体验。

伴着美妙而欢快的音乐，食客们可以在店里纵情起舞，欢乐无限；厨房是开放式的，能让人一睹厨师的风采。这种体验无疑是独特而一流的（这家餐厅的卖点就是独特的"中东"风情体验）。因此，24美元包含的不仅仅是切好的西红柿本身，还有那里欢快的气氛、别致的用餐方式以及异域风情体验——纽约人非常喜欢这家店的地中海"格调"。

第三个问题或许也是最复杂的问题——这篇尖锐的报道对于就餐者有什么样的影响？

表面来看，被如此有影响力的刊物所抨击无疑是祸事一桩。可恰恰相反，这篇报道却给这家店带来了福运：就餐的人数非但没有下降，反而增加了不少！

原因何在？文章发表之后，越来越多的人知道了这家餐厅，一股"热潮"由此掀起。诚然，有的人无论如何都不会来这里、点这么昂贵的东西，但是，对"声名狼藉的西红柿"深感好奇、意欲一探究竟者大有人在，他们在品尝过后还会忍不住跟朋友们分享（毕竟，我们都是普通人，没有人会花24美元买一个西红柿而不跟任何人聊起它）。

我一直不同意"没有所谓的负面宣传"这种说法，不过这次，我心服口服。

此外，文章提到厨房里有老鼠、服务生既粗鲁又有种族歧视情节（"种族歧视"这点足以毁掉任何生意火爆的餐厅），这些都是不实报道。真正引起"热议"的还是食物的高价格。

高价格是品牌的标志，除此之外，它还意味着高端的定位和不一样的就餐体验。高价的背后蕴含的是主厨的艺术追求与美食理念。

和顾客会面为什么应当收费？

人们对我的观点存在着这样那样的质疑，而其中最大的疑问是针对这个问题的（这一点令我很惊讶）——"我们与顾客初次会面时应不应该收取费用？"

在为中小企业和大型企业开讲座、研讨会和做咨询时，我会遇到各式各样的服务供应商（律师、业务顾问、抵押贷款顾问、设计师、保险经纪人、房地产经纪人、旅游顾问、评估师、建筑师等），每当我们谈到定价以及与顾客订立协议时，我都会直言不讳地建议对方从初次会面便开始向客户收取费用，这是基于私人品牌、未来定价和履行交易进行的考量。对于我的建议，大部分人都会吓得"跳脚"，然后告诉我说——

"我这行没有人会这么做。也许在别的行业行得通。"

"我的竞争对手们都不收费。没有人会这样做。"

"如果我从初次会面开始便向客户收取费用，就不会有人来约谈我了。"

诸如此类的话。

人们在日常生活和生意往来中（即便是和非常亲密的人之间）所犯的最大错误就是不收取任何费用——只要有人主动约见，他们便会和对方无条件畅谈（在这里我不得不说，去赴约绝对不是免费的，其代价既包括停车费、油费、育儿费，还包括占用你做其他事情的宝贵时间等其他损耗）。

这么做（付费会面）意义重大，因为这是你打动客户的必要环节，他们会据此决定究竟是从你这里还是从其他人那里购买产品或服务，因此，我必须好好解释为什么不要免费接待任何顾客。

我指的不是工作会议或是讨论合作的会议，也不是你在商店或贸易展时向顾客销售产品的场合。

我指的是产品供应商或服务供应商消耗时间和知识与客户免费进行的"介绍性"会议，而不要求客户为此支付任何费用，这样做大错特错，原因包括以下几点（以若干研究、数据以及本人20余年的从业经验为依据）。

首先，如果你从会面第一分钟开始就在输出价值，那么你就应当从这时开始取得报酬。换句话说，假设你是一名专业人员、行业专家（客户正是因此才第一时间选择约见你），当你见到对方后，通过听取他的描述，帮他分析问题或需求，你很快便知道该向对方提供什么样的解决方案以及他们需要做什么。

接着你便会给对方提建议，向他们解释事情的原委，告诉他们需要向谁寻求帮助等。换言之，你正在向对方提供有价值的服务！

世界上根本就没有"介绍性会议"这回事。

这是那些想不劳而获的人耍的诡计——他们会说，"来我办公室吧，我想认识认识你""我们互相还不认识""我想多了解了解"等托词。

而当你见到这样的顾客（包括一些大公司的管理者时），他们不会对你的背景情况有多大兴趣，当然，他们对于和你建立私人关系也并不感冒。

他们在意的只有自身的需求和问题（这无可厚非），因此在整个会面过程中他们都会竭尽所能从你身上"榨取"到更多信息、提示、方法和帮助（这也是非常合乎人性的），并不管自己有没有为此支付报酬。

那么，既然你在向客户提供价值，为什么不能向他们索取报酬呢？

（如果你觉得自己提供不了有用的价值，那么从一开始就不要答应见面）。因此，从会面一开始就要收费。

其次，那些不情愿为你们的会面支付酬劳的客户不是好客户。

且让我将这种人称为"优惠券人群"。你在他们身上倾注的心血和付费客户一样多——你会准时到达约定地点，你已经提前了解了他们的一些情况，你会认真阅读他们提供给你的材料，在会面过程中你会向他们提供价值、回答他们提出的所有问题。

而他们会怎么表现？他们只会咄咄逼人（因为他们没付钱，所以他们对你不会心存感激！即便这可能只是下意识的行为），他们会觉得在最后时刻取消会面、迟到或在未提前通知你的情况下爽约是没有什么问题的（因为他们没付钱，就不会觉得有什么责任感，反正即使自己不露面也不会有什么损失）。此外，比起那些付费客户，他们履行交易或购买你的产品和服务的概率会低得多！

这同样也是有研究和数据为依据的——客户向你支付的酬劳越多，他们越会尊重你！

有一点很奇怪：那些付了钱的客户对这笔酬劳既不会生气，也不会抱怨。相反，他们会更加尊重你（因为在潜意识里，他们觉得你的专业性和技术性配得上他们支付的报酬，特别是当酬劳很高时）。

因此，从一开始（我才不在乎你们的行业"惯例"是什么，以及你的竞争对手是怎么做的）便收取费用会无形中帮你把好的客户和"优惠券人群"区分开。

它会帮你把那些"成熟的"、诚心买卖的顾客和那些"并非诚心诚意购买"的人（这些人不过是在"试探"和对比）区分开。

它会帮你看清哪些人是真的想要获利和投资，而哪些人态度不够认真或是购买欲并不强烈（这些人可能同5个不同的专家或供应商会过面，每一次会面都给对方留下买卖会谈成的错觉,然而他们想要的不过是榨取更多信息,并且每一次的会面他们都尽量单独行动)。

因此,一定要从一开始就收费。

最后,身为行业专家和权威(不论你所在的是哪个行业),你的时间是你最宝贵的资源。因此你必须珍视它,并做好相应定价,否则的话,你会毁掉自己在顾客眼中的形象。

经济学领域有个专业术语名为"价格定位"。

在为自己的产品和服务定价时,你所确定的其实是自己的产品、服务或自身(这几乎是下意识的)在某一特定等级或某类顾客眼中的价值。

挣脱客户为我们戴上的"枷锁"是相当困难的。很多生意人认为,"如果我在初次会面时不收取任何费用,顾客就会发现我的服务非常优秀,我的专业性也很强,这样一来他们最终就会愿意付我很多钱了"。

但是事实却恰好相反——和那些未支付过任何酬劳的顾客达成交易的概率非但不会提高,反而会大大降低!

因为对你来说,坚持要免费约见你的客户并不是好客户,如果你不收费的话,他们就会认为你服务不够好,也不够专业(如果是你去面见对方而不是他们到你的地盘来,他们便会觉得你的服务不到位、专业程度也不够),他们会(下意识地)"认为"你的时间不值钱(无须惊讶,因为连你自己都是这么想的),既然如此,他们怎么会因为你花费了更多的时间而向你支付报酬呢?毕竟,你在他们身上耗费的任何时间都是免费的!

即便有些顾客(这也只是少数)同意支付报酬,以便继续和你会面,其金额又怎么可能会大呢?毕竟,如果你终日奔波于同各种顾客会面却不收取任何费用,他们便会觉得你也并不是"那么专业",我说得对吗?

如果你想要在市场中打造出自己的品牌,或者在那些还不认识你的人面前树立起专业人士的形象,那么从一开始就要收费。

几年前，一位大型国际公司的营销副总裁找到了我，要和我会面。

她说她在一场大型会议上听了我的演讲，颇为震撼，她还说我演讲的主题——"让你的顾客行动起来，助力你把产品投入市场"正是他们的兴趣点所在，因为他们当时正准备将一种新产品投放市场。

我跟她说很乐于同她会面，然后我们又敲定了一些细节，接着我便把我的会谈费用告诉了她。她对于我收费一事稍显惊讶，然后回复道："不不不，我只想进行一次介绍性的会谈。"

我问她这指什么，她的回复为："我们目前与几位咨询师都有合作的意向。我的几位上级主管和我本人会与你会面，询问你关于产品的一些情况，最后才能决定与谁合作……"

这位营销副总裁（我们此前素昧平生）怎么能这样回复？她和几位主管想免费跟我会面（按她的意思来说，地点一定是在他们的办公室），告诉我他们的产品和推广方案的相关内容，接着听我发表意见。而与此同时，他们还要同其他咨询师会面，最终才能决定是否会跟我合作。

当我跟其他人谈及这件事时，他们的回复是："他们可能是想认识认识你，这没什么问题啊。"

"想认识认识我"，这究竟是什么意思？很显然，他们不会问我太过私人的问题，他们对我的私人生活并无兴趣，他们需要的是我的知识、我的经验、我的能力等。

其他人还会告诉我，"去跟对方见面完全没有问题，但是记着不要向他们透露任何信息。如果他们问你专业性的问题，那你就跟他们说，必须先确定与你合作，然后才能在后期的付费会谈中得到答案"。

这怎么可能？！我们不妨来设想一下这个情景。我来到他们的公司，约见对方派出的几名经理（这个时候我其实已经处于下风，因为毕竟是我前来赴他们的约）。

到了第二个或第三个问题的时候（时间才只过了几分钟）他们便会开始问我专业方面的问题（毕竟，这才是他们真正的意图），那在这个时候我该怎么做才能实现"保留沉默的权利"？要知道，他们就坐在我的对面。

就好像我现在在接受某种形式的"面试"，如果我不回答面试官的问题、不向他们展示我丰富的知识，我如何能够打动对方，让他们相信我专业本领过人呢？

若想打动对方，让他们认可我，我只能尽力给出最佳解决方案。而在同我会面后，怎样才能够阻止他们"自主思考出良策妙方"？又有什么会阻止他们约见下一位咨询师并和对方聊起我持有的观点？如果他们没有为我们的会面买单，他们对我的付出表示感激并认可我的专业权威性的概率能有多大？

我断然不会分文不取地约见对方，我也把自己的理由跟她陈述了一番：在真正会面前，我会做好最为专业的准备，我会仔细研究他们的产品和推广方案（我会自己钻研这套方案，告诉顾客他们还需要发给我什么资料，然后仔细研读），如此一来，在正式的会面过程中（而我也的确做了充分的准备），我从第一刻开始便在为他们创造价值。

诚如我前面所说，如果我从会面的那一刻开始便在输出价值，我就理所应当取得报酬。

我不相信世界上有所谓的"了解性的会议"。

请扪心自问——如果客户真的想要认识你，那他们会怎么做？他们可能对你有所耳闻，他们也在思考是否该向你支付费用，但是，他们依然没有完全准备好向你支付酬劳。

这很容易！你不是想要免费了解我吗？我在Facebook上既有私人主页，也有商务页面，此外，我在YouTube上发布了数以千计的视频，上面有我花费很多功夫制作的讲解视频。你也可以通过LinkedIn、Twitter、邮件以及三大主页上的海量文章来了解我。

我本人或者我的团队会给你发送链接、资料和免费的视频。我甚至会和你进行私人电话会谈，来增进彼此的了解，这样我就能了解你的需求。当我们讨论一个大项目时，我可能还会邀请你作为嘉宾来出席我的某个大型会议。

但是，如果你想要向我咨询业务，那我就得收费了。过去20年间，我一直都是这么做的，而且我认为自己处的整个行业都应该推行这种做法。

如果你也这么做，你的顾客就会更加尊重你，而且这种做法会将你和你的竞争对手区别开来，增加你谈成合作的概率。

我不仅这么做了，而且还成功了。我花了几个星期的时间和对方进行对话和邮件往来，最终对方经理同意和我进行付费会话（以我要求的金额），并且最终选择了我作为他们的合作对象。在接下来的几年里，我和他们接洽的几个项目都开展得非常顺利，我从中获利不少，他们赚的则更多。

后来我才了解到，他们总共联络了5位高级咨询师，而我是其中唯一一位要求报酬的。

一开始他们感到既"气愤"又惊讶，但同时又有几分好奇，也正是这样他们对我才更为尊重和赏识。不过我并不是每一次都能成功（曾经有几次，当我在电话里告诉对方我不接受免费会话时，我们的交易便宣告"破裂"）。

但是经过这么多年的摸爬滚打，我总结出的经验是：一个客户如果真的需要你，是愿意为你埋单的。

不要和只想"榨取"你的知识的人谈生意，以及那些对你持"观望"态度（同时还免费约见别的供应商）或那些对你的知识予取予求的人。

如果你是行业专家，你最重要的资源便是你的知识，其次是你的时间。不要向任何人免费提供你的时间和知识，这在任何领域、任何市场和任何行业都是一样的。

在与客户开始合作之前，他们可以通过许多办法了解你，你不必无偿与他们会面。

在和顾客抬价时，为什么不要太过"戏剧化"？

请想象一下这个画面（或许这正是一些人现实生活的写照）：有一天，你精疲力尽地下班回家后，你的伴侣跟你说："我们得聊一聊了。"听到这话，你便在客厅的沙发上不安地坐下了。

你不明白，究竟发生了什么？自己做错了什么吗？你的另一半是什么意思？你焦躁难耐，随时有可能崩溃。

你已经进入战备状态，准备好要"还击"（即便你还不知道究竟发生了什么），这时，你的另一半幽幽地说："我不是告诉过你了吗？每天早上出门的时候记得把垃圾带下楼，但是你总是忘记。厨房里的垃圾都发臭了，整个屋子味道都很难闻。我不希望这种事再发生了。"

原来如此？真是太小题大做了！你白紧张焦虑了那么久！什么鸡毛蒜皮的小事啊，搞得好像出现了多么严重的状况一样。

人们时常会在恋爱和婚姻中上演此类"戏剧性"桥段（这太不幸了）。除此之外，人们在面对价格问题时也喜欢小题大做、行为夸张！

我在各种场合都看到过类似的事情：在商业咨询中，在会议上，在听电话录音时，以及在与顾客和客户服务中心合作的过程中，卖家和买家都会呈现这种戏剧性的表演。

原因就在于大部分人其实并不知道该如何销售（没人教过他们），

他们不喜欢签单子（他们更倾向于向顾客介绍产品和服务，不太喜欢谈价格），谈钱让他们感到不舒服，因此在谈到价格的时候才会出现不必要的夸张行为（做任何买卖都免不了会谈钱，否则顾客是不会掏钱包的）。他们也许会跟顾客这么说，"我们得聊聊钱了"（听起来仿佛在说"我们得聊聊了"），他们会改变说话的语气或速度，可能还伴随着视线的降低或气场的减弱等行为。

接下来会发生什么？

首先，如果你流露出不安或不适的情绪，你的顾客能够立即觉察到！这样一来，事情就会棘手得多，气氛也会变得凝重。

其次，顾客更有可能会跟你讨价还价，跟你说"这太贵了"，要求你打折或者分期付款等，原因就在于你给他们传递的是一种懦弱、不安和不适的信号。

此外，在你的情绪感染下，顾客会立马变得紧张、焦虑、戒备，如此一来，场面就会变得糟糕！

那你应该怎么办？

在聊到钱的时候，要尽量表现得"随意"，让谈话自然而然地进行。千万别在这个时候"戏精上身"，不要让自己的气场变弱，相反，你应该增强你的气势，用和之前同样的语速和底气向顾客讲述你的产品、服务、方案、想法、提议。

声音要洪亮，不要细如蚊蚋；要充满自信，跟顾客强调买你的东西对他们有什么好处。如果你在开价的时候面露难色，你的顾客也会感到很不舒服。

如果在付款环节你能表现得自然、坦率而自信（即便价格可能真的很高），你的顾客也会表现得落落大方，这样就能避免争论和对抗。

PART2

如何在竞争中始终保持创造性思维？

万万不可给顾客折扣，原因何在？

很多人都听过这句名言，"撒谎的人需要非常好的记忆力"。这是为什么呢？因为撒谎的人需要记住自己在什么时候跟什么人说了什么话。

诚实的人跟任何人讲的东西都是一样的，所以他们不需要记住自己究竟说了什么、跟谁说的。

在讲到给顾客打折扣这个问题的时候，我总是会举这个例子。

那些做事没有固定章法的生意人（世界上有太多这种人了，每回遇到我都会颇感惊讶）给顾客开出的价格以及制订的规矩也都不是固定的。

无论对自己还是对其他人，他们给出的借口总是类似于"这并不重要""我们在谈话的时候发现了这个顾客的不一样之处，因此开出了不一样的价格""付款方式不同的顾客，要价自然也不一样""我并不认为价格不固定是什么大问题"等。

而在现实生活中，这样做会让你的生活变得一团糟。

首先，你必须有相当出色的记忆力，才能记住自己给每一位顾客开的价格分别是多少。

而大部分人并没有这样好的记忆力，如此一来，他们在顾客眼中的形象就会变得非常糟糕。最后的结果则是要么把价格压得很低，要么给顾客许多折扣（他们会利用你记性不好这一点来占你的便宜）。

其次，在一次良好而成功的交易（价格高低暂且不谈）中，你和顾客彼此都能够自信地对话，而不是由对方占据上风。

如果你的规则是清楚的，每件产品、操作或服务都有固定的价格，最重要的是，如果你对定价了然于胸、信心满满，那么你就能顺畅地进行销售（与此同时，做成这笔交易的概率也会显著增加）。

相反，如果你的顾客感觉他们可以"动摇"你，觉得你自己对价格都没有把握、可以随意进行更改，而且你提到的规则条款都是可以协商的，那么他们很有可能会跟你讨价还价，不愿意妥协。最重要的是，他们会看轻你。

因此我的看法是：不要给顾客打折，特别是在你本身要价就不高而且想要成为行业专家的情况下。

原因就在于，顾客和专家争论的可能性很低。他们对专家更加尊重（还会帮忙做口碑宣传），愿意付给专家更多的钱，而且（几乎）不会跟专家索要折扣（即便这样做了，他们也没抱多大期望能够成功）。

如果你想赚更多的钱，想要被更多的人知晓，想要谈成更多交易，而不想和人过多争论，那么在和顾客谈话的过程中就要表现得像权威人士和专家那样，这样你就不用费力记住那么多不必要的东西了。

下一章我将讨论如何将自己打造成专家。

那些没有人教过你的最重要的事情是什么？

如果你在大街上随机找几个人，问他们人生中最重要的三件事情是什么，（全球范围内的一项调查结果显示）答案会如出一辙：

1.爱；

2.财富；

3.快乐。

对我们而言，最重要的三件事情如下（未必依照下列顺序或措辞来排列）：

1.有人爱着你（可以是家庭成员、伙伴或是朋友）；

2.有足够的钱去过想要的生活；

3.过得快乐、满足，并且有成就感。

很好。那么现在就只有一个问题没有解决：不论是在学校里还是日常生活中，都没有人教过我们该如何获得这三样东西！不论是幼儿园、小学，还是技校或大学（在这里你会取得学术型学位）都未曾教过我们这些。我们从老师、家长和其他教育人员那里学习了某些知识和技巧，开阔了视野，不过这些都是常规、制度化的东西；没有人教过我们该如何找到志同道合的伙伴，如何赢得别人的爱，如何赚钱，如何度过有意义的人生，等等。

然而事实却是：这些才是人生中真正应该去解决的头等大事！

在完成常规的学校教育之后，大多数人都会发现，学校里传授的知识和他们的实际需要，以及未来人生中重要的课题之间存在着巨大的鸿沟。

在此仅举两个简单的例子来加以说明。

案例一：

我是一名经济学家，接受过三年的经济学专业教育，在此期间，没有任何教授开设过指导大家如何经商的课程。除了学习理论经济模型，我从未在课堂上听到"钱"这个字眼（注意，这可是经济学）。那么，当一个人获得学历证书、走入社会打算创办公司时，他该如何挣钱呢？

案例二：

我还是一名律师，接受过四年的法律专业教育（我还同时兼修经济学专业），在此期间，没有任何人教过我该如何在法庭上陈述自己的观点，如何写法律诉状，以及如何与人沟通。

那么，一个接受过理论层面的法学教育的律师，在不具备与客户和法官共事所需的任何实用技能的情况下，该如何在竞争异常激烈的法律和商业世界里取得成功呢？

类似的案例还有很多，然而它们归根结底都指向同一个问题：我们究竟该如何做？也就是说，当一个人发现了这条鸿沟，意识到自己的生活缺少了某样东西——可能是钱、快乐或爱，或是三者兼而有之，又不知道该如何获得这些东西（因为没有人教过他们）时，他究竟该怎么做呢？

而在私下生活里，不论是工作坊、会议、书本、咨询处，还是培训机构中，我们都能从业内人士那里获得非正式的教育。如此一来，人们就可以填补上此道空白，并且获得为刻板教育所禁止的知识和技能。

在和客户打交道的过程中，我主要侧重解决下面两个重要的问题，而收效颇为喜人。

1.改善人际关系（方法包括练习在公众场合演讲，增进自身说服艺术，并且提高人际沟通能力）。

2.增加收入（通过营销、谈判、跑业务、做销售演说等手段）。

首先，不论你需要填补何种方面的缺失，友谊也好，浪漫关系也好，抑或需要经营好其他关系、赚钱、做市场推广、获得快乐，总有人能够教会你怎么做。你要做的仅仅是把这位"良师"找出来。

其次，如果你所提供的服务或产品涉及爱、金钱和快乐这三大领域中的一个，也就是说，如果你是一名教练、业务顾问、理疗师、婚礼咨询师、经纪人、市场顾问或其他专业人士，你的快乐感应该是很强的。

为什么？

因为你能够切实地解决很多人的实际需要，你拥有数量可观的客户；如果常规的教育体系依旧对这些问题视而不见，那么你的业务量就会很可观。

对于你们中的大多数人而言，专业范围内的行销、贸易和金融潜力依然是颇为陌生的话题。

为什么你要竭力成为"华尔街之狼"?

2014年1月,我看了莱昂纳多·迪卡普里奥主演的大卖影片《华尔街之狼》。影片以真人自传为蓝本,讲述了20世纪90年代华尔街一位年纪轻轻而野心勃勃的经纪人的故事。由于极其渴望成功,在数百名雇员的协同努力下,这位年轻人迅速建立了一家颇为成功的企业,向市民出售价值数以千万美元的股票。

事实上,他们出售的股票都是垃圾股,对单纯的股民连蒙带骗,其邪恶的魔爪不仅伸向了富人阶层,还将劳苦大众的钱袋搜刮得更瘪,他们的行为构成了一系列刑事犯罪,严重触犯了美国证券交易委员会(SEC)的法律。

影片本身的精彩暂且不谈,我深深地折服于影片中展示的营销和说服技艺("华尔街之狼"是美国媒体给这位股票经纪人起的外号)。

在你们对我群起而攻之之前,我必须要说:我痛恨欺骗,我强烈反对触犯法律的行为,我也不齿华尔街人在影片里、现实生活中所做的所有不道德之事(比如走私毒品,在脱衣舞酒吧里群魔乱舞,以及时不时出言或动手侮辱他人)。然而,在看完整部电影之后,一个想法深深地攫住了我。我问自己:"如果换一个人——任何一个人,去做'狼'那样的事情,但有所不同的是,他要卖出一种真正的、合法的、能为客户创造价的产品，一切又会怎么样呢？他会大获成功！"

因为迪卡普里奥在电影中所做的一切都堪称天才之举，其中既包括他的销售和劝服方法，他鼓励员工、让他们充满动力的手段，又包括他招揽人才并教他们销售方式。

你从他身上可以学习到的东西太多了！

你只需要忽略"狼"出售的是违法的虚拟产品这一事实，假想他卖的其实是合法且为顾客心仪的产品。这样一来，他所创办的就是一家极其成功、利润颇丰、为其他企业所钦慕的龙头企业。

说了这么多，我究竟想要表达什么呢？那就是：所有人的身上都有值得学习的东西，没错，所有人。即便是那些与你的情感诉求相冲突的人，即那些无法信赖或是其提供的产品和服务让你厌恶的人。只要某件事情有效，只要有人能够迅速地将自己与崇拜者和粉丝联系在一起，只要产品能够成功，只要它能在市场上名声大噪，你就可以从中收获良多。暂且不谈你对某些人的个人意见，你完全可以从他们身上学习到许多有用的东西。你只需要忽略他们的产品或服务，而将目光集中于他们的销售手段。

演讲时，我为何令数百人突然纷纷离场？

几年前，我曾于晚上9点举行过一场网络研讨。先向不熟悉的人解释网络研讨会的定义：它是一种免费的在线宣讲，其间我只需要坐在家里（就像你们安坐家中一般），向你们陈述我的看法。互联网将所有人联系在一起，这样一来，你就可以悠闲地窝在家里，饶有兴趣地收看或者收听我所做的相关专业领域的讲座。

无巧不成书，那次研讨的预计播出时间（晚上9:00开始，10:30结束）正好和两个收视率极高的同步转播节目冲突：一个是足球半决赛，另一个是某个电视真人秀节目的最终篇（高潮部分）。

这并不是什么巧合；事实上，这完全是由我的疏忽所致，我没有留意电视节目清单，把网络研讨定在了球赛的同一天（否则我也会选择观看半决赛了）。

尽管"竞争"激烈，到了研讨开始的时刻，我们依然"齐聚一堂"——电脑的一端是我，另一端是数百名观众。

我希望通过给予观众足够的发言权、感谢他们抽出时间坐在电脑前听我讲演来开始这次研讨，因此我做出了如下开场白：

"大家好。我是雅尼夫·扎伊德博士。首先，我要感谢在座的各位参加今晚的网络会议。这一点很重要，它既能让你们更好地看清自己，又能显示出你们为自己投资的强烈意愿。你们选择来听我的讲座，而不是观看半决赛，这对我而言意义非常……"

屏幕右侧是网络会议室的控制面板，上面会显示在线观众的人数。

我刚说出"半决赛"这个词，听众数量瞬间就减少了100名！我一开始并没有注意到发生了什么，依然自顾自地说着："……我很感激你们选择了听我的节目，而不是观看××节目（真人秀节目的名字）的最终篇。"突然，又一件神奇的事情发生了——听众数量又骤减了100名！研讨刚开始1分钟，听众就跑掉了三分之二！我终于意识到了自己的错误，于是立即进入了正题。

这到底是怎么一回事？我究竟犯了什么大忌？

答案很简单——我提到了自己的竞争对手！我给了竞争对手机会——在当时的情况下，大部分听众可以转而选择去收看那两个高收视率节目。

大部分听众是随机地、无意识地选择听我的讲座的。他们只是恰巧听到了我将要开网络研讨会这件事，于是就写下了节目时间，并且没有查看电视节目预告表，不知道同一时段还有其他节目播出。很显然，我也没有费神查看节目表……但是当我向听众提及另外两个节目的时候，我实际上是在为竞争对手作嫁衣！

这个小插曲告诉我们什么？

在举办销售会或是向客户传达信息时，不要直接提到你的竞争对手！即便你知道竞争对手的存在，或是突然想到了他们，你也要竭尽全力避免让你的观众将思绪放到他们身上，至少不要从你的嘴里透露他们的相关信息。

很多生意人会这样对客户说："我是A，我比B、C要好得多！"这时，客户就会带着好奇而天真的神色问你："B是谁？谁又是C？"

即便客户原本是打算和你合作的，现在他也会改变主意，转而让B和C提供报价了！当你劝说客户远离竞争对手时，你实际上是在将客户推向竞争对手。

那么该怎么办？

向客户介绍自己，讲解你的商业活动和能创造的价值，说明你拥有的相对优势，必要时大略提一下你所属的市场片区，而不要提到特定竞争对手的名字。如果我的开场白换成："我很感激你们选择听我的讲演，而不是看电视"，就不会有什么问题了，人们就不会纷纷退场了。由于我错误地提及了竞争对手，听众就下意识地明白了这是一场竞争，听我的讲座并不是他们的唯一选项——他们完全可以收看另外两个电视节目。

如果我提到了竞争对手，他们就会重新审视自己的状况，对自己原本的决定产生怀疑。接着就会有人离开了。

什么是细节？

20世纪60年代，研究人员霍华德·利文撒尔（Howard Leventhal）进行了一项调查，研究恐惧能在多大程度上刺激人们采取行动。他找来一些学生，给他们每人发了一本宣传册，上面写明了接种疫苗的重要性以及不接种疫苗的风险。

一个月后，当他验收结果的时候，他发现只有3%的学生接种了疫苗。

结果显示，这些阅读了他发的材料的人能够意识到接种疫苗的重要性，以及拒绝接种带来的风险。他们中的有些人甚至表现出了接种疫苗的强烈愿望，但是却没有最终付诸行动。

随后，利文撒尔将如何接种疫苗、疫苗的存活期等相关说明告诉学生后，研究取得了突破性进展。接种疫苗的学生从3%增加到33%——净翻了11倍！

这意味着什么？这意味着，尽管恐惧，但知识和渴望都是强大的动力引擎，人们是否会采取切实的行动最终还是要由细节决定。也就是说，当人们不得不做某些事情的时候，如果你能够向他们指出这件事其实并不难做、告诉他们细节性的东西，他们很大概率上就会付诸实践了。

最近这些年来，我在不同的场合中遇到过很多人，也有很多我想要一直保持联系的人，他们纷纷告诉我：身上没带商务名片。如果想了解关于他的更多细节，就去Google上搜索吧。

可我想说的是（对你们说，而不是对这些人）：你还是省省吧！大多数人都不会去Google上搜索的！

因为那太麻烦了：当我打开电脑的时候，我很可能记不起你的全名了，而即便我能够在Google上打出你的全名，我也很快会放弃，即便我之前真的很想和你保持联络。除非我能够快速地（譬如一分钟内）在你的个人网页上找到你的联系方式。

其中的原因有很多，比如"我很忙，不想这么做""我抽不出时间"，或是"我突然还有其他事情要做"。

在参加活动的时候，为什么不随身携带一张商务名片呢？或者至少你要告诉我全部的细节信息啊！！！

再举一个例子。

对网上注册展开研究的一项调查显示，如果你在注册按钮旁标出"关于此次会议的详细信息"，转化率（所有浏览网页的人中会真正点击该链接的人）通常会很低。然而，如果你这样写："关于会议的更多信息请点击这里"，转化率会显著提高。而如果你进一步指明："关于会议的更多信息，请马上点击这里"，转化率则会出现戏剧性的跃升！

这究竟是为什么？因为这样写的话，他们就明白了我们希望他们怎么做、他们究竟应该怎么做。这并不是因为他们愚蠢或是懒惰，也不是因为我们对他们而言不重要，原因仅仅在于：

"我知道了。"

"我刚刚收到了一条外部信息，因此不得不离开你的页面……"

"我老婆刚刚给我打电话了，因此我不得不放下电脑……"

"我突然想起来我两天后要参加考试，因此我现在要去复习了。"

人生无常，命运比你想象的更要无情。在利文撒尔的研究中，学生真的想要接种疫苗，他们也的确这样做了，因为他们明白如果他们不这样做会发生什么。

"我知道了！"

他们要参加考试。

他刚跟女朋友分手。

很好，你已经完全明白了我的意思。

如何让顾客觉得他们不是你唯一的买家？

很多年前，我的一位做房产经纪人的客户讲了这样一个故事。几年前，年纪轻轻、踌躇满志的他刚刚踏入房产行业，彼时据传（听其他公司的房产经纪人所说）有一位老人想要卖掉自己的房子，搬到养老院去住。初出茅庐的他发誓一定要争取到老人的独家代理协议（如果协议签订成功，他将是唯一有权给老人的房子挂牌、寻找买家的人）。接下来的两个星期，他每天都去拜访老人，每次总要待上数个钟头才离开。每次会面，这位年轻的房产销售总会与老人饮上几杯茶，听老人讲他的故事（很明显，老人并没有别的事情要做，他很开心有人能陪着自己）。会面结束后，他则绞尽脑汁想要说服老人在代理协议上签字，然而老人的回答总是，"明天吧，明天我就签字"。

两周后的一次会面上，当年轻的经纪人喝下第三盏茶后，老人徐徐地"通知"他，自己已决定把房屋的转卖事宜交由另一位房产经纪人处理，并且已经跟对方签订了独家代理协议。他惊呆了，问道："什么？！过去的两个星期我每天都来这儿陪你！"老人却说："原因就是这个啊。你看起来好像很闲，而我要找的是一个有许多客户、业务很忙碌的经纪人。"

换句话说，这位经纪人觉得自己提供的是最好的服务，为此他投入了大量时间和精力想要谈成这笔交易，然而结果却让他大失所望。他"投入"得越多，和这位潜在客户的"友谊"越深厚，这笔交易就离他越来越远，他在别人眼中也显得越发不专业。

品牌公司是如何做市场推广的？专家是如何表现自己的？权威人士是如何成就自己的？

根据与顾客的相处之道以及"财富悖论"的原则，品牌公司或权威人士与顾客之间的关系互为补充，相互协调。

第一种相处法为：顾客是上帝。第二条规矩是：按自己的规矩来！由于两种方法彼此矛盾，才产生了上述"悖论"。

如果把顾客视为"上帝"，就意味着只要顾客有购买的意愿，所有的交易都应该按照他们的要求和方式、以他们开出的价格进行。大多数买卖都是这样谈成的——遵循"顾客永远是正确的"原则来进行。为了满足顾客，商家可以随时调整自己的条款、价格和专业需求。

这种做法是错误的，因为它会降低交易成功的机会，削弱商家的权威性，从长远来看，还会导致财务损失、客户质量下降（这些客户与商家的业务理念不符）等后果。

商家还有第二种方法可以推销品牌，而前提是客户只能按商家的规矩购买。换句话说，一旦客户申请成了你的会员，他们就能享受到优质的服务，而你则需要履行对他们的承诺，竭尽所能使客户满意。但是（这一点很重要），要想加入"会员俱乐部"，客户必须满足价格、定位、专业需求、支付方式等方面的相应要求，不妥协就没有折扣。

和我们通常理解的不同，设定这些要求和条件反倒会增大交易成功的概率，还会让客户更加尊重你、视你为权威。

房产经纪人和老人的故事还告诉我们什么道理？

我做生意的一条指导原则是，你要让客户知道你除了他之外还有其他许多客户，但不能让他们察觉到这是你刻意为之。如果客户发现他们其实是你唯一的或者是第一个客户，或者你除了他们之外没有多少客户了，那么情况就不妙了。你能和他们谈成生意的概率会骤降。

反之，如果客户知道你客户群体庞大、行程匆忙，觉得你能留给他们的时间并不多，他们的电话你不一定接得到、你可能有计划外的会议要参加，或是在和他们会面时还跟其他客户电话交流，这也是不妙的，你和他们谈成生意的概率也会降低。客户需要的是私人性的往来，他们想要被尊重，想要被当成"名流人士"来对待。

那么解决办法是什么？你在处理和客户的关系时该如何践行"财富悖论"原则呢？在和他们相处时应当怎样找寻"中庸之道"？又该怎么做，才能增加和客户成功交易的概率？关键在于平衡。不要显得太过悠闲，也不要过于忙碌。当你与客户会面或交谈时，要把全部注意力放到他们身上，做好充分的准备，让他们感觉到你的真诚，记住上一次会面他们说过的话，让他们觉得你此时此刻没有其他的事情要做、没有其他地方要去，也不想同其他人待在一起。在会议结束前始终保持这种状态。当然了，你也要让客户明白，你随时可能会收到其他客户发来的谈话邀约！

为你的客户设定界限。在条件允许的情况下，尽力给他们提供最优质的服务以及最充分的关注。这样，随着时间的推移，你就可以建立起一支日渐庞大的忠实客户群。

上面的故事里，那位年轻的房产经纪人错就错在没有给老人设定任何"界限"，他没能让老人知道他的时间是很宝贵的，没有告诉老人他也有其他客户要接待、有其他事情要做；他每次都毫不犹豫地答应老人去家里陪他，哪怕此时二人还未曾订立过任何协议。这样一来，尽管年轻人做了很多努力，实际上他却拉远了自己与成功交易（以及赢得客户）的距离，最后只能赔了夫人又折兵。

减少投入，谨慎选择，合理推销，这样一来，你会取得更好的成绩。

顶级厨师为何不惧怕向外界公开自己的烹饪秘方？

2004年，我出版了自己的第一本书《说服与影响观众》，其中的素材多数都源于我在那段时间所做的演讲、报告，参与的"辩论"稿写作以及公共访谈。

当这本书在书店发售时，我从周围的人那里听到了各种"令人费解"的说法，诸如"你不能从书中赚钱""谁会读你的书"，以及其他很多"打消人积极性的言论"，其中最常在我脑海中回荡的是这样一句话——"你为什么要公开你所有的技巧和秘密？你为什么把你的演讲都写进书里了？这样做是在坑你自己——人们不会来听你的讲座，因为他们已经读过你的书了！"

几年后，一位顶级厨师前来参加我开的指导课程，跟我聊起了业界一些尽人皆知的秘诀，让我不禁又想起了上述曾经让自己感到困惑的言论。她问我："你知道为什么有名的厨师会在烹饪书、新闻报纸和电视访谈上公开自己的烹饪秘方吗？为什么他们不害怕会被竞争对手效仿，也不害怕食客会尝试自己在家烹饪、不会再到店里来大快朵颐呢？因为他们其实什么都没有透露给大众！"

尽管食谱里会给出详细而专业的烹饪说明，可总有些"秘密配料"是隐去不表的，而这2%～5%的内容恰好是主厨们不会外传的烹饪秘诀。

她给我举了一个例子：某一天，你在烹饪书上看到了"加入定量的、分量适中的、必要的盐、油、糖"这样的描述。那么问题来了，什么才是"分量适中"呢？答案只有拥有多年实战经验的厨师才知道。如果你尝试自己在家里烹调，结果很有可能不那么尽如人意。

我很赞同这个看法。在我看来，你可以把掌握的一切知识都教给别人，但是却永远没有人能够真正地复制你的做法，因为万事万物都是不同的，都是独一无二的。

在厨师看来，为了树立自身的权威，他们必须出现在电视节目、新闻报纸、社交媒体、讲座等场合，向大众传播他们的专业知识。但他们从不惧怕被复制，原因就在于他们对自己的经验和专业知识谙熟于心，他们知道即便客户或竞争对手（以及那些想要依样葫芦的人）尝试模仿，也永远做不到如法炮制或是惟妙惟肖地模仿，如此一来，厨师们就能始终保留自己的相对优势（只要他们肯公开这些"秘籍"，并且时不时地推陈出新，活跃在大众的视线中）。

此外，我的经验告诉我，即便有人（通过阅读我的书）掌握了我所有的理论知识，他们仍然会来听我的讲座。

原因何在？因为来听讲座、参加研讨会或出席会议（譬如前往一家被报纸"披露"过烹饪秘方的主厨餐厅）的重要性、意义和目的远远大于知识本身——你不仅可以收获经验，拓展社交圈，"打破常规"，还可以亲自见到演说者，会见朋友，品尝点心，感受轻松幽默的氛围，好处良多。

即便人们能够了解你所掌握的一切知识（事实上，永远没有人能够真正领悟他人全部的知识），他们仍然会外出与你会面，碰面地点可能是在办公室，也可能是在诊疗室、餐馆、会议大厅等地方。

第一，你要勇敢地出现在公众面前，不要惧怕分享知识（包括最精华的部分），不要错过任何一个有可能展示自己的平台——讲座、传统媒体和电子媒体、博客、YouTube、社交网络平台等（在本书第四章，我将继续讲解如何作为商人、专家和品牌代言人"出现在公众面前"，并且探讨"勇立潮头"的重要性）。

第二，当你发布和分享你的知识（最精华的部分）时，要营造一种意犹未尽之感，这样一来，那些想要了解更多内容的人就会想办法联系你，邀请你出席他们的（或是参加你的）某个活动或参加某项业务。

第三，一定要时刻铭记：你是与众不同的、独一无二的，没有人能够取代你。

任何专家、专业人士、导师和权威名人都有自己独特的视角和生活经验，因此，只要你能够和别人分享你的知识（最精华的部分），他们就会来找你（甚至会带动更多的人）寻求合作。

社会名流为什么热衷与粉丝"自拍"？

在观看篮球比赛时，我时常会遇到一个有趣的现象：大约在比赛开始前半小时，球员们到球场上热身，早早到场的球迷在球场附近的座位就座，然后要求与一些球员合影。

在大多数情况下，球员们都乐于和观众合影。而通常来讲，最愿意和球迷合影的是那些"明星"球员（即便他们可能在赛前更忙，也更紧张），哪怕此时离比赛开始只有10分钟了。

这种"自拍"的画面（选择一处漂亮的背景和别人合照）我们在生活中随处可见，而其背后的原因却很少有人深思过——为什么名人、模特、明星、演员、歌手愿意（无偿地）与前来索要合影留念的人拍照呢？又是什么原因使得导师、顾问、企业主、企业家同意与客户或学员自拍呢？

这样做一方面是出于礼貌，毕竟，拒绝别人合照的请求是不礼貌的，此外，它还是一种自我代言的手段（人们喜欢你才会想要和你合照）。你不需要花费一分钱，只消抽出几秒的时间，就可以为自己打造一只有力的"营销"推手——过去十年，在参加节目、讲座、游戏和会议等场合，业界名流为客户提供"合照服务"已经被视为理所应当。最重要的是，这样做可以带来极强的"病毒营销"（"口碑营销"）效应。

在合照过后，客户或者粉丝（很可能）会在Facebook、Instagram、

TikTok和其他年轻人爱用的社交网络（对这些我都不是很了解，因为我已经过了不惑之年）上发布这些照片，这样他们的朋友就能一睹这些名人、明星的风采——毕竟这些照片不是在浴室里或是在家里穿着睡衣拍的，接着，他们的朋友会把这些照片分享给更多的人。

由此一来，明星们会收获数以十计、百计、千计甚至万计的"代言人"（取决于合拍者的社交圈子大小），人们好奇地交流想法，分享趣闻逸事，或交口称赞，或怜惜唏嘘，而这些，是在不花一分代言费，也没有任何外力强迫的情况下就可以实现的。

这笔"买卖"还不错，不是吗？

通常来讲，名人、企业家和商人在营销、销售、公关、网站推广、社交媒体等环节会花费不少钱财。而现在，这种"自拍"模式却提供了一条免费的"市场渠道"，随之而来的是可观的网络流量和热度，有一些消费者还可能会出资购买其他相关服务。

如果你这样做的话，那些跟你投缘的顾客会更有可能买下你的产品或服务，那些期待获得"额外服务"（如"自拍"）的人则会收获你投去的灿烂笑容，如此一来，人们会更乐意谈及你。这无疑是一种免费的宣传。

而与此同时，"病毒式营销"（我将在第八章深入分析）也有可能带来负面效应，我至今仍记得几年前一场书展上的经历。当时，出版方在签售台旁边组织售后活动，我邀请了一位同事参加。站在我旁边的是一位非常有名的作家（其姓名我就不透露了，以免"抹黑"对方）。我的同事很激动能够见到这样一位名人，她告诉我自己是这位作家的超级粉丝，家里收藏着他的全套书籍。我的同事走到这位作家面前，微笑着问对方能否跟自己合影，却遭到了冰冷的拒绝（对方甚至对她怒目而视）。

很多年过去了，我的同事依然对此事记忆犹新（她当时肯定极为震怒），时不时就会拿出来讲一讲（这无疑是对这位作家的负面宣传）。几年后,当这位作家出版新书的时候,她一本都没有再买过。你可能会问,这位作家对我同事的态度和他的写作水平之间有什么关系吗?我的同事还是喜欢他的书的,不是吗?没错,喜欢过。但那是过去的事了。现在的她再也不会买他的任何一本书,也不会读他写的任何文字。因为他给她留下了非常不愉快的回忆。

"病毒式营销"有好有坏,看你如何对待。让我们继续分析篮球比赛的案例。在提出更难的问题之前,让我们先回顾一下这个问题:卖产品的企业主、办讲座的演讲者、卖书的作者以及赚门票费的表演者为什么会对消费者态度友好,并为他们提供优质服务呢?原因就在于这样做会吸引更多人前来,长此以往,销售量和收入势必会大幅增加。但是,是什么因素促使篮球队里的受薪运动员对粉丝态度和善,甚至在开赛前还愿意和他们合照呢?答案就是:个人品牌。

在如今这个时代,领薪水的员工需要打出自己的品牌,创建自己的专属"社群"(我将在第五章与大家进一步探讨如何打造粉丝和消费者"社群","驯服"他们去购买你的产品和服务),如此一来,他们在当前岗位上以及未来就业市场中的价值才能提高。

只有天分还不够,单纯靠努力也是不够的,你还必须学会营销自己。以体育为例——球员(包括明星球员)的薪水是由球队支付的,其发放标准不仅包括他们在球场上展示出的能力,也包括他们在场下的表现,譬如多少球迷会因为他们订阅刊物、购买门票,有多少印有他们名字和号码的衬衫、围巾和其他"周边商品"能够卖出,他们受粉丝欢迎的程度如何,他们在篮板和球场外的表现如何,等等。

即使体育巨星是从球队获取薪水的,他们仍深谙在场外建立球迷社区、投资创建个人品牌和社交网络的重要性,原因就是社交网络上的粉丝数量也左右着他们的酬劳。

如何避免客户"越俎代庖"、抢走你分内之事？

想象一下下面这个场景——一位经纪人与潜在客户约见，要带对方参观他们经手的某处房产（非专属）。他们在楼外第一次碰面，经纪人跟客户说："苏珊·李维斯住在这幢楼的第三层，她正在寻找买家。"

接下来发生的事情有两种可能。在第一种场景中，客户说："苏珊？太棒了。我认识她，我们30年前是校友。我会自己联系她，跟她沟通。谢谢。"

在第二种场景中，客户可能会说："我不认识她。这栋楼的外观我不是很喜欢（根本连看都没看这栋楼）。"接着二人便分道扬镳了。

第二天早上，客户敲了敲苏珊的门（他们此时彼此还不认识），开始跟她直接对话。

大约在这次会面一个月后，经过几通电话和协商沟通，他们谈妥了交易，客户决定从苏珊手中买下这间公寓。

经纪人偶然间听到了这件事，立马给客户打去电话，问道："我的佣金呢？"

客户则回答说（这是站在双方的立场所做出的合理推测）："什么？！佣金？你什么都没有为我做啊！一切都是我自己跟卖家谈的！"

这两种场景的共同点是什么？

不论哪一种情况，客户都"绕过了"经纪人，以期省下佣金。客户自己谈成了（至少尽力在促成）这笔交易，没有借助任何专业人士。客户对于这笔交易中最为重要的细节部分——经纪人的专业知识，是持轻蔑态度的。

为了确定出售信息是否准确，掌握公寓的一手情况（并以合理的价格卖出公寓），这名房地产经纪人投入了大量时间：她不舍昼夜地了解周边情况、通过各种数据库搜索信息、核实附近楼盘的交易信息、学习专业课程，倾注了许多心力。

而她拥有的最重要的资源便是她的知识！也就是她对这笔买卖的掌握情况。但是一旦她把信息无偿地"透露"出去，这些信息就成了公有知识，那客户的反应如何呢？他对经纪人不屑一顾，自己却胸有成竹，觉得完全可以靠一己之力谈下这笔买卖。

仍旧以房地产业为例，房产经纪人（他们的行为举止都是专业的）该如何做，才能避免被客户"越俎代庖"呢？他们应该在客户与卖家见面前让客户（买方）签署与房产相关的协议或代理书。

他们可以和客户相约在街角见面，签好表单，然后一起前往售楼处（以防他们看到楼盘上的"出售"标志而自己打电话给卖家）。经纪人还可以与苏珊（出售方）签署独家协议，这样一来，即使客户直接与卖家沟通，经纪人仍能对整个交易拥有把控权，而其中涉及的步骤非常繁杂，目的都在于保护房产经纪人最昂贵的"产品"——她付出很多努力才掌握的独特的、专属的知识。

据我多年的经验和观察，我发现人们在销售知识时常会做出一些"有趣的"举动，在这个崇尚"专家行业""市场教育"和"建立权威"的世界里，我们都在销售知识。这里的我们既包括受薪雇员和个体经营者，也包括销售电视、杂货和公寓等实物商品的人，以及诸如顾问、银行家和保险经纪人等提供服务的人。

你肯定无法想象自己走进朋友或同事开的一家商店，选了几样东西，没有给钱便扬长而去吧？

我猜你更无法想象自己会反复做出这种赖账的行为。但是，如果把上述场景里的实物换成意见、商业知识、人脉、建议和想法等非实体物品，有些人则会很心安理得地"压榨"服务供应商、销售商和专家了，他们会尽可能多地"榨取"信息，还自我感觉良好。

那么，诚如我们之前所说，在当今时代，大多数人交易的"商品"就是他们的知识。不论你是专家、商人还是企业主（从事厨师、律师、保险经纪人、指挥官、高级经理、顾问、讲师、房地产经纪人、水管工等职业），你的价值（向他们提供的商品的价值）都是以你所掌握的独有的知识来衡量的。

这就是为什么我们在任何情况下都不要给别人无偿地提供知识，这一点我在上一章中也谈到过。

当然了，你可以通过视频剪辑、时事通讯、帖子、播客、媒体采访、免费电子指南、免费食谱、小贴士、与客户的简短电话等形式来免费"透露"你的少许知识。但前提是你把它当作一种商业模式来使用，以期让消费者觉得当天的内容"意犹未尽"，想要付费来饱览更多的知识。

作为专家，你的"商品"就是你的时间和知识。不要把它们赠予有需要的人。

PART 3

如何激发人们的购买欲望？

在会议上你会接受别人端来的饮料吗？

假设有这样一个问题：你和某位客户、同事或供应商一起参加一场商务会面。你走进办公室后，在场的其他人问你：您想要喝点什么吗？你将如何回答？你会回答"是"还是"否"？

上述场景我们在生活中多次遇到过，但是却从来没有仔细思考过究竟应该怎样回答。怎样才能在推销、推广和与人打交道的过程中保持睿智呢？研究显示，大部分人在上述情况下都会回答"否"。

这不是因为他们不感到口渴。他们之所以选择拒绝，一些可能的原因如下：

让别人来服侍我，我感到别扭。

我想要提高效率，仅仅关注我该关注的部分，而不是把时间浪费在喝咖啡和闲聊这种事情上。

如果承认我需要某样东西，在其他人眼中我无疑会显得卑微。

还有很多类似的原因。然而，在这种情况下，正确的回答应为"是的，请给我来一杯！"你应该接受别人给你端来的饮料——这样做不但会显得更加礼貌，还能让你快速开启和这个人的对话——对于给你端饮料的人来说，这类暖心的小举动对他（她）而言好处多多。此外，接过这杯饮料，你就不会再口渴了，在会议期间就能呈现出最佳面貌。人们常常宏观地思考劝服和销售的艺术，但是人际交往的成败却常常是由一些微不足道的小事来决定的。例如，不要拒绝拿东西给你的人，即使你并不认识他。

其效果或意义并不总是立竿见影，有些时候只存在于潜意识里。

所以正确的回答应该是"请给我来一杯，谢谢"。下面让我们进入下一个问题（回答正确的人有机会获得一杯免费咖啡）。

热饮还是冷饮？

也就是说，你应该选择热饮（诸如咖啡、茶），还是冷饮（譬如水、果汁）？调查研究表明，大多数人在接受这一好意之后都会点一杯冷饮（通常是一杯水），然而正确的回答却是来一杯热饮！

为什么？

原因就在于，如果你点的是一杯热饮，在咖啡冷却、你最终一饮而尽之前，你拥有至少15分钟的时间和给你端饮料的人交谈。如果别人给你端来一杯热饮，而你却回答"啊，热的也很好，不过还是请给我来一杯水吧"，你其实是（无意识地）减少了会面时间！

顺便说一下，如果和你同去参加会议的人性子比较急，或是希望会谈早早结束，那么根本不会有人给你端来任何饮品，极端一点的话，你甚至不会被邀请落座！

因此，为了保证会面有效且高质量地进行，你应该接受别人请你喝东西的好意，最好点一杯热饮，同时（也是最重要的）你应该说服和你同来参加会谈的人愉快地接受咖啡或茶饮！

这样做会让别人了解你的好意，会增进彼此的信任，从而实现互惠互利。这些都是再微小不过的举动，却能收获意想不到的结果。因此，日后再有人问你："请问你想要喝点什么吗？"完美的回答应该是："那太好了，谢谢你，麻烦给我来一杯热饮，并且我希望你能够加入我们的谈话！"

什么时候不适合接电话？

下面这两个情景有什么相同之处？

情景一：

此时此刻，你正在听讲座，突然之间，你的电话响了。你按下接听键（捂着嘴开始和对方通话，仿佛这样做其他观众就听不到你在讲话……），随后起身，从一整排坐着的人身前穿过，走出礼堂后继续通话。电话打完后你马上返回了讲座现场（不知道下一次电话又会在什么时候响起）。

情景二：

午后的公园里，你正和孩子们开心地玩耍，正在这时，你的电话响了。你不由分说地接起了电话，开始和电话那端的同事或朋友交谈，一边谈一边悄悄与孩子们拉开一定距离，这样一来，他们就听不到你在说什么。就在这时，你四岁的孩子爬上了一架写着"仅供7岁以下的儿童在大人的帮助下攀爬"的游乐器材。

你知道这两个情景的共同点何在吗？

你都没有在场！

你既没有在认真听讲座，也没有真正在听你的同事说些什么（尽管你接起了电话，全程都在听和说）。

你既没有好好地陪伴孩子，也没有和电话那端的人进行真正的沟通，因为你还"留意着"孩子们。没错,事情就是这样……

我是一名演说家、一名咨询顾问,同时也是几个孩子的父亲,在我的生活中随处可见上述情景。你可能会说,"我又能怎么办呢?""现代社会就是这样啊,充满了桎梏和无奈。""我的工作需要我,所以他们才打电话给我……"诸如此类的回答。我理解你们的处境,但是请想象下面这种场景:你正在和一位重要的客户会面(她很有可能会和你签订一笔数额巨大的订单),她正在向你描述她的需求,突然,你的手机响了。你(没有任何犹疑地)接通了电话,(二话不说)走出了房间。几分钟后,你挂了电话重新回到座位旁,好像什么事情都没有发生过一样。

你觉得这样做真的没有关系吗?!

你真的认为,对于你突然站起来,在会谈进行到一半的时候出去接电话,你的客户完全不会在乎吗?!你真的认为,客户会当作刚刚什么都没有发生吗?!我希望你不会傻到这个份上……当你和孩子们"享受亲子时光"时,如果你时不时地就要闪到一边接电话,你的孩子会觉得特别失落,即便他们嘴上什么都没有说。同样地,如果你在听讲座的时候突然离场,全然不顾其他正在专注地听讲座的人,演讲者也会有同样的感受。

所以我要表达的是什么意思呢?请务必保持"在场"状态!

不论在任何场合——和人对话也好,出席会议也好,听讲座也好,还是和家人相聚也罢,都务必要将注意力全部集中在你面前的人,你要时刻关注发生了什么,享受当下。

如果讲座实在让你觉得无聊,径自离开就好,别再回来,或是一开始就不要到场。

如果守在工作岗位上很重要,那么就请一直待在那里。别幻想着能兼顾两头,那根本不可能(你不过是个平凡人),否则的话,你就将错过重要的事情,同时让身边的人感到沮丧。

请客户参加活动时为何要准备小点心？

几年前，我做了一项深入的客户调查，研究参与者会基于什么样的理由选择某些讲习班和讲座。

毕竟，讲习班和讲座是我的一部分产业，因此我有必要了解为什么客户会去买我提供给他们的产品和服务。我收到的答案五花八门，其中有些让人颇为意外，不过最让人印象深刻的（重要性排序第五）当数这一回答：点心！也就是说，人们之所以会去参加某场会议、活动或讲习班是因为那里提供点心。

这一回答让我大为震惊，但是随后我就读到了这样一项研究结果：在举办活动时，如果提及现场会有食物供应，那么转化率（会议现场实际签到的人数与预计出席人数的比重）会升高20%。换句话说，在许诺提供食物的情况下，参加会议的人会多出20%！

其实吸引人的并不是食物。前来参加商务会谈或是专业会晤的人并不是饿死鬼，即便他们真的饥肠辘辘，他们也不会选择到会场来讨东西吃——去饭店大快朵颐一顿远比参会的花销要低。那么原因究竟何在？为什么允诺现场会提供食物后，参会的人数会暴涨？

原因有三：

首先便是"投资原则"——如果他们对身为客户的我投入一定数量的

资金（没有人不喜欢其他人为自己投资并提供服务）并且备好食物（至于准备的究竟是小点心还是正餐就无关紧要了），那么我十有八九会选择前去参会，以回报他们的付出。

其次，涉及出席会议的可行性。假设我的讲习班将于晚上5点至9点举行。如果会场没有提供餐食，有意向的客户就会在心里盘算：假若参加这场会议，我就得先回趟家吃个饭。当他打开家门那一刻，他呆住了！老婆、孩子、电视机，全部乱作一团……那么他当天就别想离开家了，也别提参加什么讲习班了。然而，如果客户知道会议现场提供食物（即便比较简单），他多半会下了班直奔现场，这样一来，我们便不用担心会因为外部诱惑而"失去"这位客户。

最后，人们吃过东西，饥饿感消失后，会变得更加警觉而专注。斯坦福大学的三名研究员曾对假释委员会的决策过程展开过一项调查。这些专业的委员会负责审批犯人提出的早期获释申请，每天早晨到下午都要对这些申请进行思考研究。思考共分三个阶段进行，中间用两顿饭隔开。研究结果十分有趣——当委员会成员吃饱喝足，处于警觉状态时（该状态每天会出现三次：吃过早饭后、吃完第一顿正餐后和第二餐进食完毕后），他们更容易对犯人或候审人的获释申请予以批准。然而当他们饥肠辘辘时，他们则显得犹豫不决，不愿意打破既有状态，换句话说，他们更倾向于维持现状不变（也就是让犯人继续待在监狱里）。这告诉我们，如果你想要让人们迈出他们的"舒适区间"，打破既有的思考和行为模式，你必须首先打点好他们的胃口……

这对你而言有什么借鉴意义？

首先，如果你正好不幸在监狱，碰巧读到了这本书，而你的假释委员会就要来了，你一定要力争成为早间（或者是第一餐过后）第一个被"采访"到的人。

其次,"贿赂"下你的客户,给他们好吃的和好喝的——你会有意想不到的巨大收获!

当一个人的胃被喂饱后,咨询、营销、信息和内容的摄入会变得最为轻松高效。那么动员观众或客户,让他们跳出"舒适圈"的概率就会大大增加。

为什么赠品也需要"卖"出？

2013年10月，我参加了法兰克福国际书展，在那里注意到一个有趣的现象：为了卖出、买进版权，并且签订发行和出版协议，所有出版商、作家和图书经销商都把自己最得意的作品带到了书展现场。

书展总共持续五天，其间他们将自己的得意之作在各自的展台上一字陈列好。前三天，展会主要面向企业客户开放，而对公众关闭。后面两天则对公众开放，仅仅一个周末的时间就吸引了数十万读者前来观看！

那么我观察到的有趣现象是什么呢？

在书展的最后两天（主要集中于最后一天），大多数出版商和经销商会离开自己的展位，回到自己的母国。因为不想把剩下的产品带回去，他们就把没卖出去的书原封不动地留在了展位上，另附一张纸条，上面写着允许任何有缘人将喜欢的书拿走。

是的，你没听错。没卖出去的书任何人都可以免费带走。

你完全可以在这最后两天提着一只巨大的行李箱前来，把所有剩下的畅销书都打包带走。然而，和你预料的相反——很少有人会这样做。

当看着堆满了优秀佳作的展位无人问津、没有人前来把它们带走时，我感到十分震惊，紧接着我想到了那条我一直向客户灌输的重要的原则：即便是"免费的东西"也必须"卖出去"。

假设要邀请朋友或同事来听我的讲座，如果我仅仅告诉他（大部分人也都是这么说的）："我将要举办一场很棒的讲座；值得一听。"对方可能会做出如下两种回应。90%的可能性是他不会出现（即使这是一场"免费的"讲座），因为他不明白这样做究竟会有什么好处（原因在于我没有好好跟他解释参加这次讲座会让他有什么收获），而剩下10%的可能性则是他会带着不情愿的情绪参加讲座，而这无疑是比前者更糟糕的一种情况——原因仅仅在于他不想让我失望，或是"他想帮我的忙"。也就是说，他会到场，花着我的钱，脑子里却想着他此行仅仅是为了帮我"凑人数"，让我"感到快乐"。

为什么这样做对我没有任何好处呢？因为这位客人之所以到场，是因为"不得不到场"，其出场情况也可想而知：他会懒洋洋地最后一个到，却第一个离开，并且离开时没有从中汲取任何有用的信息。也许他在听会时还会打扰到其他观众。最后他甚至会觉得，因为他帮了我这个忙，我从此就欠了他一个人情……因此，我支持邀请有战略眼光的客户和同事前来免费听讲座，前提是——他们对于你给予的恩惠心怀感激。

那怎样才能让他们心怀感恩呢？这完全取决于你怎么做。

你需要向他们解释他们如何才能从中受益，以及为什么这样做能实现其利益的最大化。没错，即使他们可以免费参加，如果他们的到场对你意义重大（最好还能在活动中发挥积极作用），你需要花费时间和精力劝说他们一定要前来。

正如书展上免费的书不会有任何人愿意拿走，如果读者根本不理解参加某个活动会给自己带来什么好处，就算它是免费的他们也不会参加。

如何巧妙地提问？

几年前，我在西班牙马德里的一家餐厅就餐，旁边那张桌子坐了一群欢悦的小伙伴。服务生走到他们面前，一边摆餐具一边问他们："请问你们要喝点什么，红酒还是白酒？"一些人点了红酒，另外一些人则要了白酒，接着，服务生才把菜单递给了他们。

令我惊诧不已的是，顾客根本没有点酒！在服务生问他们之前，他们甚至没有想过要喝酒！事实上，这名服务生问话的方式可以说是非常老练而魅惑了——他根本不去理会他们是否想喝酒，而是直接跳到了下一个环节，问他们想喝哪种酒。

这一招在说服技巧里叫作"锚定术"。服务生在这桌顾客的大脑里"种下了"他们本身就想喝酒的这样一种想法，让他们自然而然去思考自己究竟想喝什么酒，他根本没有也无须过问他们是否真的想点酒喝。

类似的巧妙发问还包括："请问您选择哪种结算方式，现金还是刷卡？"也就是说，你给顾客营造了这样一种感觉：自己已经决定要付钱了，剩下要考虑的问题就是付款方式。可能有人要说，这不过是一种小把戏，不过我想告诉你的是：如果他们真的不想买什么东西，他们永远也不会付账。如果他们从来都不喝酒或是此时此刻不想喝酒，即便劝酒的方式再高明，怎么劝他们也还是不会买酒的。"锚定术"能够有效提升转化率

（指的是按你的要求去行事的人的数量），但人们却并不是违反自己的意愿去行事。那名服务生不过是读懂了那一行人的快乐，然后向他们推荐了一种最适合当下气氛的产品。

如何运用社会认同这种强大的说服力工具？

如果你时常出入某间酒吧，很可能对其中一样东西很熟悉——"小费罐"。它通常摆在柜台显眼的位置上，在你每次享用吧台服务或是点完东西之后都应该向里面放几美元小费，这已经成了一条不成文的法则。如果"小费"给得很多，吧台服务生会按响铃铛，这样一来，其他顾客就能知道你出手有多阔绰了……

你可能已经注意到了，小费罐里面总是塞了钱的。没有任何人见过钱罐是空的。所以，每天晚上向小费罐里放钱的第一个人是谁呢？是第一个消费的人吗？是酒吧老板吗？不。答案是吧台服务生自己。

吧台服务生一把小费罐放在柜台上，就会从自己口袋里掏出几美元放进去。这听起来近乎荒诞：吧台服务生自己打赏自己！逻辑何在？这实际上却是一种非常强大的营销手段，叫作社会认同。

其背后的原则可以用一句话概括——看到其他人做某事，人们就会认为自己也能做到并且应该做到。做"那件事"的人越多，他们的这种信念就会越强烈。因此，如果看到小费罐是空的，没有人会愿意做第一个投钱的人。几乎没有人愿意做小白鼠，或是第一个吃螃蟹的人（这种想法也存在于你的潜意识中，而我在帮你认清它）。而如果小费罐里已经有钱了，即便我是今晚的第一位顾客（没有人确切地知道自己是不是当晚的第一位顾客），我也愿意往罐子里放一些钱。里面的钱越多，我越愿意往里面添。

"社会认同"是一种说服力极强的工具，因此，如果你希望你的客户容易被说动，不妨举出其他人的例子来说明。

如何管理你的客户？

经常乘飞机度假或是出差的人对下面这一系列程序都不会陌生：

第一步：起飞，等待飞机达到飞行高度，并保持空中平衡。

第二步：飞行员和乘务人员宣读安全乘机指南，并且简要介绍本次班机。

第三步：机组人员端来饮料和餐食（至于是晚餐、早餐还是便餐取决于飞行目的地和飞行时长）。

第四步：度过很长一段无人搭理的时光。

第五步：再次享用饮料和餐食，拿到一些免税的小物件。

第六步：准备降落——系好安全带，填海关申报单等。

搭乘任意商务航班的旅客都要经历这样一系列步骤，不论目的地何在、飞行时间长短。除了第四步外，你对上述所列其他步骤基本上都没有什么疑问。

你可能会问我为什么会说"很长一段时间都不会有人搭理你"。你会振振有词地说："我们难道不是付了钱的消费者吗？"

你只说对了一部分，第四步的时间其实是这样安排的（几乎所有人都经历过）：在这一阶段，机组人员希望你能够安静地休息、看电影或是听音乐，而最重要的是，他们希望你尽量不打扰他们，这样他们才能够像其他乘客那样好好休息一下，为下一阶段的工作养精蓄锐。

那么，他们在第四步的时间里究竟会做些什么？

他们会要求你把遮光板放下来（这样一来，当你和其他人睡着时才不会被阳光晃到眼睛）。

他们会关掉主舱内所有的灯光（这是在暗示大家：你们赶紧睡觉吧）！

顺便说一下，这和幼儿园午休时间哄孩子入睡是一个道理：把所有的灯都关了，把百叶窗摇下来，床垫铺好，孩子们就知道自己该怎么做了……在搭乘飞机的第四步里，你看不到任何机组人员在机舱里四处走动。

在跨大西洋航班上，机组人员甚至会消失数个小时！发生紧急情况时，你需要按下救援按钮，很快就会有乘务人员出现了。她会低着头，从座位两旁的乘客身边快速通过，其间避免和任何人有任何眼神交流。

为什么？！

因为在营销学中有这样一条基本原则——"眼神交流象征着邀约"。

当你直视别人的时候，你其实是在暗示对方自己需要他的陪伴，并且想和他们交流。这种眼神交流是愉悦的、外放的，让我们感觉自己像是在享受客户一般的优待。

当飞机乘务人员和我们目光相接时，我们会立即想到自己还有额外的需要，譬如还有问题要问，想喝点东西、再吃点零食，等等。在第四步时，机组人员不希望你拿一些不必要的问题问他们，因此，他们会尽量避免与你接触，即便为了履行工作或是应答某位向他们求助的旅客，他们不得不从机舱过道中穿过，他们也会尽力避免和其他乘客有眼神交流，以防那些人会突然想到自己还有事情需要他们的帮助。

接着就到了第五步。所有的灯会亮起，飞行员会播报通知，乘务人员会再次面带微笑地走过你身边。而你会从梦中醒来，报之以微笑，接着吃点东西，履行这一阶段的义务（正如幼儿园的老师在指定的时间把小朋友叫醒）。

我要说的是什么呢？顾客的日程是由你来决定的！

你在为他们提供产品或服务的同时，也在"管理"他们，这和你坐飞机、去餐厅用餐、到电影院看电影、住酒店和旅行时享受别人对你的照顾是一个道理。

如果你想和客户沟通，走到他们身前，和他们进行眼神交流，并且"邀请"他们和你交流。如果时机不对，你就要尽力避免和他们有任何形式的沟通交流。如果你在前一阶段的工作中已经很好地解决了他们的需求，他们就不会再"骚扰"你。所以，下一个假期你需要好好思考一下这件事，最重要的是，你要想清楚自己打算如何在工作中或谈生意时实践这些原则。

为你的产品或服务打造一种"期待效应"

动物园里的狮子和长颈鹿饲养在什么地方，这么做原因何在？这个问题是对市场洞察力的考察。当你去动物园游玩的时候，最先看到的（离入口最近的地方）是哪种动物？离入口最远的地方又饲养着哪种动物？

我曾在论坛和会议上问过观众："动物园里离入口最近的地方你会看到什么动物？"大部分人凭借直觉回答道："是狮子、大象、长颈鹿。"然而事实却是：长颈鹿、大象和狮子被养在离动物园入口最远的地方！为什么要这么做？因为这样才能把你吸引过去！

营销领域有这样一条黄金法则：作为商家，你必须为购物者"构建"一条环形路线（入口和出口在同一个地方），把他们最期待的东西以及对他们而言最重要的东西放在离入口最远的地方，而把那些不是很重要的东西摆在入口处。

这乍一看似乎不合逻辑，但其实却蕴含了深刻的逻辑思考。让我们以本地的超市为例。人们最需要的、买得最多的是什么东西？面包和牛奶。而最不需要的、买得最少的是什么？甜品以及超市的特殊供应品。

如果商家把面包和牛奶摆在超市的入口处、离收银台最近的地方，那么绝大多数顾客走进店里，拿到自己所需的面包和牛奶后就会径直结账离开。他们不会在超市里逗留，因此就无法看到超市里提供的其他琳琅满目的商品。但在实际操作中，商家会把面包和牛奶放在离入口最远的地方，如此一来，营业额会翻两番。

首先，由于消费者会"被迫"走过整个超市去拿自己需要的日用品，一路上他们就能路过所有的（或是绝大多数）货架，看到上面陈列的各种物品（当然了，这样做的目的是买下他们计划购买的东西）。

其次，在这个过程中，消费者（无意识地）会不由得产生一种期待、好奇而又有"些许"兴奋的心情，因为他们并不能立马走到自己想要的商品货架前，而是要花上一些工夫（在这种兴奋心理的趋势下，他们常常会买下比原计划多得多的东西）。

最后，当消费者终于走到结算台的时候（这是一条环形路线，还记得吧），他们在结账处会看到什么商品？是那些他们并非真正想买的"小东西"——糖果、儿童玩具、电池等。但是由于这些小东西会在他们眼前晃啊晃（他们在结账时要排队等很久），他们就会有很多时间一遍又一遍地看这些物件，这样一来，他们就会买下许多原本没打算买的东西。

你明白了吗？让我们再回到动物园这个案例中。

当你踏入动物园的时候（这在全世界各地都是一样）你首先会看到什么动物？是那些小型动物，像鹦鹉、海龟、仓鼠等。接着你会看到猴子、老鹰等体形大一些、也更有吸引力的动物。随后是那些很"酷炫"的动物，譬如火烈鸟、鳄鱼等，而在离入口最远的地方你才终于到达此行的"巅峰时刻"——你会看到狮子、大象和长颈鹿。

为什么它们被安排在那么远的地方？因为你来到动物园就是为了看它们！

你要是想带小孩看仓鼠、鹦鹉和猴子，不必非得跑到动物园。去离家最近的宠物店就行了。但是，一旦你踏入动物园，你和你的孩子的兴趣就会被这些小动物所"点燃"，你的期待值会增加，兴奋值也会上升，这样一来，当你终于走到狮子的参观点时，你的兴奋值才能达到顶点——这也就意味着你的"消费体验感"到达了最高点。当然，你买下的东西也会更多。

你想让顾客买下更多的产品，并且为他们创造更好的"购物体验"吗？

试着为你的产品和服务打造一种"期待效应"吧。提高顾客的兴奋阈值（随着时代的进步，如今消费者的购物体验已经变得异常丰富多彩），让他们对你心生崇拜，并为他们准备更多惊喜吧。

拼命向顾客输出大量信息并不能达成销售

假设你来到了一家不错的餐厅（它很有可能还是一家有名的"主厨餐厅"），展示板上的菜肴看起来是那么美味。服务员走上前，把整份菜单都拿给了你，你选了其中几样。菜上齐了，你风卷残云，全部吃光。接下来会发生什么呢？你开始感觉不妙了。你的胃在作痛。你吃多了，感觉马上要"撑破肚皮"。每道菜其实做得都很好，然而你还是觉得不舒服——这并不是你想要的"就餐体验"。

好的餐厅是怎么经营的呢？

他们会先上主菜（取决于你所选的烹调方式），接着是开胃菜，然后是饮料和甜点。当你吃完的时候，你会感到很满足，最重要的是，你觉得自己还能"再吃一点"。你想要下次再来，品尝一下他们的其他菜品。

这一点也适用于各类演说和咨询会。

在我看来，演说者的一个通病（很多年前初登舞台的我也犯过这种错误）就是在整场演讲中拼命地向听众输出大量的信息和内容。演说者固然是怀着良好的意图才这么做的，他们的理由也很积极向上——向观众提供尽可能多的知识，实现价值的最大化。

但是以我的经验（以及我自己和别人所做的研究）来看，来听讲座的观众最需要的是一次有趣的体验，其次才是为了学到点什么，而这种学习也必须是有目的的、质量上乘的。

这样一来，一个"输出"太多内容，特别是听众不熟悉的内容的演讲者既是在伤害观众，也是在消耗自己。

为什么说这是在伤害观众呢？因为观众无法"接收到"全部的知识信号，也不能吸收大部分的内容（研究表明，人们只能吸纳大约1/3的演讲内容，如果材料是新的，接受度就更低了），他们会感到无聊，会丧失专注度和注意力，无法充分吸收演讲者输出的知识。

为什么这也是在消耗演讲者本人呢？因为这会让听众对演讲者感到"厌倦"，哪怕他们说的每件事都是正确的、至关重要的，但是过犹不及，这就好像在餐厅吃完所有的菜一样。此外，向听众售卖额外的产品和服务也会变得异常艰难，因为演讲者已经把"一切"都告诉听众了！

最起码听众是这么觉得的。由于购物体验不好，他们不会再前来消费。

这一点也同样适用于做咨询。

这几年我留意到这样一个现象：我在会谈中说得越少，顾客的满意度会越高。从表面上看，这是不符合逻辑的！客户之所以跟我会面，是想要听我说话，他们也为我的时间支付了足量的酬金。但这样做其实是合理的，因为客户不仅在购买我的知识，还在购买我的注意力，看我是否能够客观而谨慎地说出他心中所想，是否能够跟我展开"一唱一和"的对话，等等。

如果我在咨询时滔滔不绝地讲了两个小时，客户在离开的时候会感到相当失望，即便是我给他提供了许多内容和知识。

那么，对待咨询和演讲的正确方法是什么呢？

要记得，这是一场与观众和顾客的对话，而不是"全民演讲"。要学会分清良莠，去粗取精。记住，不是所有的东西都有用。把你知道的少部分内容告知听众和消费者，这样一来，他们就愿意再来听你的演讲、和你会面，也会更愿意购买你的产品和服务。

再回到开篇就餐的案例中，这家餐厅的厨师其实非常希望你能尝一尝他们所有的菜，他对每一道菜都投入了十二分的热忱和努力。你若一次吃完所有菜品，就势必会反胃；而如果一次只尝一道菜，那你就会再次光顾。

PART 4

为什么你必须行动起来？

如何充分把握人脉和挖掘商业潜力？

情景一：

假设你正在参加一场专业会议，或出席一次商务活动。你可能是代表公司来的，也可能是代表你个人而来。你为自己参加此次会议（尤其是在自己付费前来的情况下）订立的主要目标之一是：扩大人际圈。也就是说，认识尽可能多的人，锁定潜在的客户和合作伙伴。

但是实际上，你大部分时间都站在房间的另一端或是咖啡站附近，或是坐在报告厅同一个位置上，仅仅和一同前来听报告的人或是你熟悉的人交谈。

情景二：

你在和客户开销售会议。气氛变得越发微妙，客户对此"很感兴趣"；很有可能他就是那个组织这场会议的人。你把自己的产品或服务拿给客户看，热情地向客户推介它，希望能够在会议结束时签下这一单。

但是实际上，客户可能会说，"这对我来说太贵了""我过会儿再联系你""好的，保持联系"或类似这样的话。听到这样的话，这场会议差不多也结束了。

会议结束的时候，你满心酸涩地离开——因为你没能拿下这一订单。你不禁扪心自问：刚刚到底发生了什么？到底哪里出了错？

情景三：

假设你在一群人面前演讲，和他们分享你在自身专业技术领域的经验。一部分观众对此相当感兴趣，因此，在讲座结束时，你想跟他们进行一些额外的互动，譬如咨询答疑、讲习、提供产品或服务，或者是交换联系方式。

但是实际上，到了最后一刻，你开始担心如果自己向他们推销自己的产品可能会引起一部分观众的反感，因此你不敢放手让观众自行活动。

最后，在没有取得任何有意义的结果，并且预计到未来也不会有任何进展的情况下，你沮丧地离开了会场，不过在你看来这是当下最好的做法了。

上述三个情景有什么共同之处？

在上述三个案例中，你都没有充分意识到其中蕴含的人脉和商业潜力，因此收获只能是零。

上述三种情景中，对于自己的行为举止，你不假思索地予以解释，将自己未采取其他做法的原因"抛售"给了自己（而不是将其中的缘由"抛售"给观众）。

你没有动员起任何人！

如果你想要推销产品，你必须胆大心细，并且将承诺过的东西付诸实践。

没有任何人会为你做这些（在描述个人安排，以及推销自己的产品或服务方面，没有人会比你做得更好）！

起用"千里马"还是选择"野马"？

全世界所有工商管理学校的课程都会提及这样一个商业困境：假设你是一家公司的经理，现在需要雇用一位销售人员作为你的副手担任副经理的职位，或是雇用一位经验丰富的员工，在企业中承担重要角色，你有如下两种选择。

第一，你可以起用一匹"千里马"，亦即一位经验丰富、擅长本职工作的员工，不过他（她）的问题在于他（她）不愿意负责和自身专业技能无关的工作，此外，对于尝试能力范围之外的新鲜事物，他（她）也没有充分的准备。

第二，你可以选择一匹"野马"，亦即一位不好管理和"控制"的员工，不过他的优点在于他有充足的干劲和动力，而且准备好了承担责任，无论代价或风险多大，即便这件事可能会超出他的能力和职责范围。

你会如何抉择？会雇用哪一位员工？

对全世界范围内的大企业展开的调查表明，大部分管理者倾向于选择"千里马"，原因在于他们原则性更强，攻击性更小，更便于管理，掌权欲望更低。他们做事情不会太标新立异，也不会越界。

总而言之，对于那些不喜欢属下给自己"惹是生非"的管理者来说，他们会更倾向于这类"模范"员工。在公共部门或大公司工作的管理者尤为如此。

然而我有另外一种方法。

如果我是一位管理者，需要雇用员工，我会倾向于选择那些"野马"。我心仪的员工和合作伙伴，要能够向我发起挑战，在适当的场合指出我的不足，更重要的是，我希望他充满热情和干劲，这样一来，我就不用浪费时间每天都去动员、劝服他们和我一同努力奋斗。

在选择销售人员时这一点尤为重要。

为了成功卖出产品，你需要"放开胆量"，亦即拥有拿起电话、主动向别人推销产品的能力，不断追问顾客产品体验的意愿，以及在活动中主动接触别人的欲望。

这些事情"千里马"员工永远都不会尝试，因为这些事情要么超出了他们的职责范围，要么让他们感到不适，要么他们不知道该怎么做，要么他们无法处理悬而未决的事情。但是"野马"员工敢于做上述所有事情，因为他们有着源源不断的动力，可以为了成功披荆斩棘！

当你走进一家豪华餐厅的时候，老板会在入口处迎接你，而进入用餐区后会有服务员接待你。

你知道老板和服务员之间的区别吗？老板就像千里马，而服务员则像野马。老板不负责卖东西。他们的职责就是微笑（大多数情况下他们都打扮得光鲜靓丽），吸引顾客前来用餐。他们不需要卖东西给你，因为你已经踏入了他们的领地。在某些情况下，他们甚至是"订单终结者"，让一些原本选择在此就餐的顾客转而投向其他餐厅的怀抱（因为他们没能够以最快的速度吸引住顾客，或是没能对他们展露足够的微笑）。

那么服务员呢？服务员是经验老到的销售人员，因为他们必须依靠自己的技术吃饭。为了诱使你点最贵的菜，他们会使出浑身解数，他们会一遍又一遍不厌其烦地问你还来点什么；不论你点了什么菜品，他们都会问你要不要再来点配菜或是饮料。总而言之,为了让你多消费,并且好好享用那里的食物和服务,他们会用尽一切办法(当然,他们会以一种友善而令人舒适的方式)。

因此,当你雇用员工、经理或是销售人员的时候,即使是通过外包的方式(指的是雇用一位能扮演外部供应商角色的人,而不是普通的雇员)选择良才,我也建议你选择"野马"类型的员工。

如何主动出击挖掘潜在客户？

2015年初，我在银行开了一场咨询性质的讲座，银行的所有分管经理都到场了。

讲座开始之前，市场部副经理（曾经是银行的分店经理）已经跟他们谈过话，主题是增加各分行企业账户的数目。

"你们有多少人的办公地点在商业中心内部？"

约半数观众举起了手。

另外一个问题："你们有多少人的办公地点位于写字楼内？"

三分之一的人举起了双手。

当问到下一个问题时——"你们有多少人的店面是设在购物商场里的？"

其余所有人都举起了手。

接着，副经理问了他们一个问题。听到他们的回答，我震惊了。

"在过去的一年里，你们有谁曾离开过自己所在的分行，去看看那些位于商场、商业中心、办公大楼里的商户是如何运营的？你们有没有借此机会了解到他们的情况，并且让他们知道你们的分行经营状况如何？"

没有一个人举手。

我为什么会对此感到惊讶？因为人们通常认为推广和营销十分复杂，

因此，当提到这些技能时，人们通常会说"你要么现在就会，要么永远也不可能拥有"，某种"复杂的机理"在影响着消费者的行为，你需要十分精巧的"创造性思维"等。

但是事实却是，它大多数情况下都没有人们想象得那么复杂。你需要具备主动性、勤奋、良好的人际关系。

想象如下场景，一天，某位分行经理决定四处转转，他（她）随身带着银行的宣传材料，不经意地去附近的其他商店"串门"，用几小时的时间跟诸位店主讨论近期的营业情况。

上述行为花费了这位银行经理多少钱呢？

他没有花费一分一毫。无须支付差旅费，宣传册是现成的，甚至所花时间也已经降至最少。但是，在这位银行经理去其他各处商店参观的过程中，又发生了什么呢？银行突然变得"有人情味了"。它不再是呆立在那里的、毫无生机的、隔绝的建筑。那里的人会跟你对话，对你的生意表示出浓厚的兴趣。此外，由于你们的地缘关系很近，你可以随时去拜访。

也许其中一些店主没有兴趣或没有时间和我们这位假想的银行经理谈话，也许其中一些参与了谈话的人并不会把业务转来这家银行。然而在现实生活中（从统计意义上来说），银行经理考察了成百上千家商店，不太可能无法招来数量可观的顾客（从短期或长期来看都是这样）。

负责营销的银行副经理对我的看法表示认同，并且告诉分行经理：当他做分行经理的时候，社交网络还没有出现，人们也不会使用互联网进行营销；他们（分行经理）仅靠着一双脚，对周围的商店挨家挨户上门拜访，就为了挖掘潜在的客户，倾听他们的需求，鼓励他们多和邻座的分行沟通交流。

这样看来，更为简单便捷的方式是，窝在办公室电脑屏幕后，等着顾客找上门，等着银行决策机构和营销部门管理银行或在报纸、媒体上打广告，给你带来"领头羊"和潜在客户,增加银行的企业账目。然而事实上,即便是在信息时代,哪怕是未来数字技术更为发达的社会,企业和个人仍然会更加喜欢和人亲自打交道、自己掌握主动权并且面对面进行交流。

我有一位在品牌办公室任内部设计师的客户,她告诉我,她曾经会面过一位潜力巨大的客户(经营着一家大型的连锁店)。到达会面现场的时候,她发现这位客户办公室的正对面恰好是另外一位内部设计师的办公场所(上面有一个很大的牌匾)。

毋庸置疑,她十分沮丧,觉得这次会面根本毫无意义——这位客户很有可能早就和竞争对手联手了。她扪心自问,这位客户有什么理由不跟对面的竞争对手合作而向自己抛来橄榄枝。

但是在谈话中她却惊讶地发现,这位客户根本不知道另外这位内部设计师的存在,也没有注意到其办公地点就在自己正对面!

我猜这位内部设计师为了推销自己,一定也曾呕心沥血——他可能设计过公司网页,注册过脸书账号,在谷歌上开有搜索词,发过无数传单,等等。然而,最终你会发现,你想得到的东西也许"远在天边,近在眼前",正所谓蓦然回首,那人却在灯火阑珊处。

你只需要知道目光该看向何方。

主动出击。

谈话时充分发挥语言艺术的魅力。

在推销自己的时候,不要害怕道阻且长。踏破铁鞋,你其实都甘之如饴。

第一次演讲为什么是最容易的？

我的很多顾客已经开始自己开讲座、举办各种会谈和活动了。

这并没有什么好奇怪的，一些人正是为此才来咨询我。此外，我"逼迫"我的顾客把自己置于"前线"——站在舞台中央，直面观众和客户。

那么挑战何来呢？来自第一场讲座。

当客户第一次举行会议或办讲座时，我发现这样一种普遍现象——他们常常害怕不会有人来。

在第一次举行会议前，你担心没人会对你提供的产品或服务感兴趣，担心自己不得不为了这场讲座或会议奔波操劳，担心即使自己这般呕心沥血地付出，依然没有多少人会买单。

这让你倍感焦虑，有时让你"手足无措"，甚至会让你裹足不前！

原因就在于，如果我害怕没有人会来，我就要一遍又一遍地推迟原定的计划，这样一来，也许我一辈子也找不到机会举办这场讲座（会议）了！

因此，我常常会这样劝说我的顾客（现在我把这些话也讲给你听）：担心观众寥寥无几的这种恐惧感始终都会存在。所有要上台演讲的艺术家、演讲者、销售人员或政治家，以及所有要开商务会议的公司都会陷入这种恐惧之中。

然而真相却超乎你的想象：你的第一场讲座实际上是最轻松的！

当你向客户和认识的人推介你的第一场讲座时，他们大多数都会前来，或是出于人情考虑，或是好奇心的驱使，或是他们认为你拥有深厚的专业素养，早已迫不及待想听取你的意见和想法。

而第二场、第三场和第四场讲座宣介起来则困难重重。

为什么会这样？

参加你首场讲座的通常是你的第一层和第二层社交圈（指的是和你关系最近的人和朋友，以及你最最忠诚的顾客）。然而，你接下去的讲座要面对的则是第三层、第四层和其他层社交圈里的人，甚至是根本不认识你的人，后者做起来要难得多了。

我的意见很简单：行动起来！

为首场讲座定好日子，把确定下来的日期写在日历上，昭告天下你要举办讲座了！在当今这个竞争激烈的数字化、全球化社会，你要在最短的时间内发出自己的"怒吼"，让全世界都聆听你的专业讲说。

要主动出击，不要被动等待

2014年6月，我可爱的宝贝诺米（当时5岁半）和约阿夫（当时只有3岁）在家中和一位小伙伴玩耍。

他们玩起了"服务员和顾客"的游戏。诺米扮演顾客，约阿夫饰演服务员，他们的朋友则挑战餐厅老板的角色（卧室就是他们的"餐厅"）。在某个时刻，诺米（顾客）站在卧室门口，约阿夫（服务员）则在座位上看着他。这时，他们的朋友（餐厅老板）发话了，语气十分严厉：

"走到他身边，问他要不要进来吃饭！不要等着他自己进来。你要自己去问！"

我碰巧看到了这一幕，觉得甚为有趣。在这个年纪就能说出这样的话（这些话原本简单不过）实属不易，对于这位小伙伴的精彩表现，我感到相当惊喜。

主动出击。

动员他们行动。

引导并把控对话。

不要等着客户自己到来（他们中的一些人很可能只是偶然造访，马上就会走掉）。你要邀请他们加入！

这对孩子来说无比简单，对成年人来说却难于上青天！随着年龄的增长，像小孩子那般单纯地活着却变得越来越难。我们有各种各样的理由：我不想惹怒顾客，我不想听起来歇斯底里，等等。然而讲这些理由毫无意义，说服他人的关键就是主动出击。

除了拥有强大的推动力，你还必须学会鼓舞他人，主动与人谈话，而不是等着其他人或是观众来响应你。不利之处在于你不得不时刻掌握行业动态：你既要做好市场推广，又需要主动出击，并且要紧跟潮流。优势就是：你可以借助许多既定的模板和工具，把事情做好。如果你始终坚持以正确的方法做事情，赢得消费者和观众就指日可待。

窘迫演讲后，你能采取的最佳行为是什么？

演说家中流传着这样一句话："你的最后一次演讲代表了你的形象。"意思就是说，观众记得的总是你最后一次发表演讲时的形象，并会据此对你做出判断，而这种判断要么比实际情况糟糕，要么比实际情况要好。

比实际情况糟糕：假设你举办了四场讲习班，前三场讲座你都表现得很好，得到了与会者的热烈好评，而第四场却发挥失常。当参加者离开的时候，他们记得的只有第四场——他们仅仅会记得那些不好的场次。没错，人的记忆是很短暂的。观众都是比较挑剔的，甚至有时候还非常"不忠"。

比实际情况要好：假设你在地点A举办的效果不是很好，紧接着你又要在另一个地方B举办一场讲座。那么你就要好好把握住这次机会，扭转观众的看法，给他们全新的视听体验。

顺便说一下，如果你还在犹豫不决，就请记住：每个演说者都会间歇性地发挥失常。

其中有很多外部因素，比如观众对演讲的主题不感兴趣，或是曾经有过糟糕的参会经历。你自身的一些因素也可能影响当天的表现，没休息好、精力不足、讲座开始前接到让你心烦意乱的电话等。

优秀的演说家和平庸的发言人之间的区别表现在如下两个方面：

第一点：这类事件发生的频率。即便是最优秀的演说家，也有5%（20个里面有1个）左右的演讲是平淡无奇的。较为优秀的演说家发表的演讲中约有20%（5个里面有1个）平淡无奇，而在资质平平的演说人中，这一比例能达到50%（也就是说，每两场演讲中就有一场是无效的）。我们都是普通人，时而天晴时而雨，阴晴不定。但是你需要尽最大努力减少自己世界里阴雨天的数量。

第二点：在把一场演说搞砸之后，你应该做什么。以我的经验来说，最好的补救方法就是尽快再发表一场演说。有时，你的日程里已经安排了一场新的演讲（有时我需要一天发表三场演说，每一场面对的都是不同的受众），有时你需要自己创造条件发表演讲。从专业的角度而言，最主要的是要尽快"修正错误"，如此才能挽回局面，让自己不至于陷入把演讲搞砸了的痛苦之中。

内心深处的渴望将助你成功

上文已经论及，我有两个可爱的孩子——大儿子诺米和小儿子约阿夫。他们两个可爱有趣，精力充沛，还有一点爱调皮捣蛋（很客观地讲）。尽管他们两个性格颇为相似，有一点却十分有趣：小儿子（约阿夫）比他哥哥（诺米）更擅长说服别人！约阿夫更擅长把控周围的事物，处事更为从容，对情形的解读更为精准，并且更善于和人相处。

如果说我是"说服学博士"，那么诺米就是"说服学博士后"，而约阿夫则是当之无愧的"说服学教授"！

我不禁扪心自问：为什么会这样呢？为什么小儿子更擅长说服别人？为什么他更擅长人际沟通呢？在思忖了很久之后我找到了答案：他不得不这样做！

家里的第二个孩子从一出生开始，就生活在和老大完全不同的环境中。第一个孩子不费吹灰之力就能赢得周围所有人对他的关注，而第二个孩子从出生开始就注定生活在全然不同的环境中：人们的目光已经尽数集中在第一个孩子身上了，如果他不努力展现自己与众不同的一面，是不会赢得和哥哥或姐姐一样多的关注的。所以他必须努力学习，去适应这个充满了挑战的环境（至少在他看来自己的处境比较艰难）。

长子依然生活在自己的舒适区间里——他该清醒清醒了；他尚未认识

到形势已经发生了变化,他亟须做到改变以适应新的环境。

换句话说,小儿子成功的关键在于"饥渴"。这对他来说十分不易。为了得到自己想要的他必须拼尽全力。

生活亦如是:不论是在商业领域还是在人际交往中,如果想要成功,你首先需要充满"非得到不可"的欲望;你需要付出艰辛的努力;你需要如饥似渴地追求;你还必须要明白,如果你不对自己和工作负责,你永远无法得到你想要的东西。

而这种"饥渴"的心情并不一定源于沮丧挫败、经济拮据、困难重重、荆棘密布。你可以从自己内心深处获得这种渴望:你内心的激情让你想要获得全世界的注意,并且永不止步,勇攀高峰。

对于我这般年纪的人来说尤为如此。事实上,成年人到了这个阶段会返璞归真,像是又回到了小孩子的世界中。

到了不惑之年、知天命之年或更大的年龄,如果此时的你已经辞去工作、被老板炒掉,或已经主动退休,或被迫退休,你就会发现(很有可能这是你第一次有这种感觉)外面的世界非常冷漠,你被迫加入了一场世界范围内的比拼——比赛项目是发送简历。只不过你站错了队,站到了发送简历的那一方。

这时你该怎么办?

你大可以悲伤、愤怒,让全家人都因为你囊中羞涩而过上拮据抑郁的生活。如果你渴望成功,你就要做命运的主人。不论你有怎样的缺陷、劣势,你都可以把它们转化为优势!

以年龄为例。我曾经目睹过其他人帮助客户准备工作面试或政府投标,此间,我惊讶地发现这些客户会因为自己的年龄而丧失信心,而这种情况普遍存在,不论其真实年龄有多大。

一位刚刚应聘成功的人大感不解地问我:他们为什么要雇用我?我才

刚刚毕业，毫无行业经验。他们应该青睐经验更加丰富的人才对。

一位年逾45岁的人也曾经问过我：他们为什么要聘用我？我年纪不小了，而且我要求的薪资对他们而言不是一笔小的开销。按理说刚刚踏出校门的人在招聘市场上更抢手。

一切都取决于你怎么想：你需要时刻保持积极的态度，告诉自己你能行。如果你认为年龄是一种劣势，那么就尽力把它变成优势。

尽管刚刚毕业的年轻人缺乏经验，但他（从大体上而言）对潮流的把握最准确，能洞悉行业最新动态，拥有对成功和经验的热切渴望。此外，他没有任何经验——没有受到上一份工作的侵蚀，这是初入社会的毕业生在求职时需要展现的。

雇用年纪大些的员工固然开销更大，但好处是这种人拥有丰富的经验。他在工作中犯过错误，因此知道如何改正它们。他的孩子已经长大了，因此他不需要再去参加幼儿园和学校的各种活动，从而不会总是请假离岗。他会珍惜一切机会，不会因为其他单位开出更高的工资而从原公司跳槽。

如果你极其渴望成功，态度正确且有耐心，并且能够准确地表达自己，那么成功一定会属于你。

如何在专业技术领域营销自己？

2013年初，我参加了加州的一场会议。某天晚上，我遇到了住在硅谷的一位好友，他当时正焦头烂额地找工作。

这位朋友是我的忠实粉丝，数年来一直紧跟我的步伐，我在书上写的以及在公开场合说的话他都牢记于心。寒暄过后，他便迫不及待地让我给他解释我所在的所谓"专家圈"究竟是如何运作的。

简单来说（完整答案只有听完我主持的会议和讲习班才能得到），我是这样跟他解释的：所谓的专家指的是在特定专业技术领域能够很好地营销自己的人；他们十分擅长该专业技术，拥有比绝大多数人相对突出的优势。

此外我还告诉他，如果想要在某个领域获得成功，你所拥有的这种专业技术最好是反常规、不落俗套的，并且属于生活技能的范畴。

这些生活技能领域指的就是对普通人而言非常重要的领域，譬如取得商业成功、获得充足的物质财富、找到热爱的事物、与人建立深厚的关系、过上健康而平静的生活、让恋情变得更加甜蜜、锻炼体魄等。

这些领域的共同点在于，它们都不能经由常规的教育渠道获得，不论是幼儿园、初高中还是大学，都不教授这些技能。专业技术行业由此收获了人们的青睐，因为它以非常规学术教育的形式教授这些技能。

这位朋友专注地听完我的解释后，告诉我这是他第一次听到这样的话。

后来我又问他找工作进展如何（他的简历和经历光鲜夺目，特别是对他这样一位不满40岁的人而言）。

我原以为他会向我讲述类似参加面试、打电话、发邮件的细节，但是他没有这样做——他的回答让我感到十分震撼："我发表了几篇文章，我的博客已经建好了，而个人网页正在搭建之中。"

"我没听错吧？"我惊讶不已地问他，"你领着薪资，经验丰富，为什么还需要博客和网页？"

他是这样向我解释的：市场竞争残酷且激烈，太多的人对于体验各种不同的职位都跃跃欲试，把简历发出去，而后默默祈祷，已经不够了。在他看来，自己需要做的事情太多了：找到自己擅长的专业领域；设计一款能够突出表现你的性格和职业成就的专属名片；在专业技能方面精益求精、强过其他所有人；创建博客和网页，和人们分享专业领域的信息；撰写一些能够反映市场行情的文章和帖子，在口碑最佳的报纸、期刊，以及个人网站上发表你的文章和帖子；积极回应其他人写的文章，给出你的专业意见和想法，等等。

只有这样你才能成为自己所属行业的意见领袖，你就可以将意向的职位链接发送到你的网页、博客和出版物上了，而不是仅仅发送一份简历（当然，简历也可以作为附件发送）。

在硅谷，雇主在收到你的职位申请后做的第一件事是搜索你的网络形象，以期通过你发表过的东西来更好地了解你所拥有的专业技能。只有当搜索到的信息让他们满意、激发了他们的兴趣和好奇之后，他们才会邀请你前来参加面试。

"你对专业技术领域的描述完全正确！"我告诉他，"你刚刚告诉我的东西，包括你从事的工作，和我们这些所谓的专家在做的事情完全吻合。"

我不禁暗自思忖：专家圈已经蔓延至工薪阶层和求职者的领域，这是多么令人惊叹！然而，那些身无所长，既没有辨识度，又没有品牌、商业标识、蛊惑人心的宣传口号，而只会通过邮件发送个人简历的人，其思维依旧停留在20世纪，在当前竞争如此激烈的社会找工作基本无望，这一点同样让我吃惊。

演讲的核心是演讲者本人，而不是幻灯片

2005年，某国国防部部长对全军指挥系统下达了这样一条命令：不论是在高端论坛还是其他特定场合，也不论是做简报还是开展调查时，一律不得使用幻灯片（即借助PowerPoint发表讲话）。

他为什么要给出如此决然的指示？

因为在该国军方中出现了这样一种现象（该国国防部部长觉得不可以姑息，我的看法也是一样）：士兵和指挥官在讲话时会准备十分花哨的幻灯片，效果十分酷炫（以各种颜色、动画、图片和跳跃的线条来呈现），以至于核心内容都被这些边角料的东西掩盖了。

这就要回到对简报（此处包含各种形式的简报）目的的讨论上了。其意义何在？而调查（各种形式的调查都包含在内）的目的又何在？

他们能够从中学到些经验，总结教训，并将学到的东西内化为知识和感悟，能为将来留存一些必备的、有用的东西，能弥补原来的缺陷，改进不足。

这才是核心，是意义所在。

但是在准备简报和调查的过程中，如果你把焦点放在演讲的质量上，那么"背景"就成了最主要的事情，信息反而退居其次。

这也是我反复对客户们强调的：演讲的核心是演讲者本人，而不是用

作道具的幻灯片！

如果人们总是忙于阅读幻灯片上的东西，注意力全被跳出来的"动画"和图片所占据，那么他们就无暇理解或整合你要传达的思想内容了。

演讲者本人的专业形象也会受损，观众认为演讲者专业不足，所讲的东西不够切题，难以引起兴趣。

这就很好地解释了为什么你不需要把关键信息都在PPT中呈现，为什么你才是整场讲话的核心角色。

为何"躲在键盘后面"沟通是很不明智的？

几年前我看了一部名叫《实习生》的经典电影，主演是罗伯特·德尼罗，主人公是一位70岁的老人。和他的很多老朋友一样，他也刚刚经历丧偶之痛。他在努力寻找活下去的意义；他不愿意就这么过上退休生活，慢慢变老，直至死去。

正巧，一家起步不久、活力满满的高科技公司正在为一个项目招募退休老人当实习生。听到这个消息，我们的主人公毅然加入其中，与他共事的是一位35岁的执行总裁和几名年龄在20～35岁的员工。

影片以轻松幽默的方式刻画了两代人之间的代沟，以及Y世代（生于20世纪80～90年代之间的人，又被称为"互联网一代"，他们生活在网络现实和数字化的世界里）人性的复杂性。

影片中有这样一幕令我印象深刻：一名年轻的实习生告诉德尼罗自己曾与这家公司的一个女孩约会过，如今想再续前缘，然而，他做了令女孩不开心的事，对方已经不想再搭理他。

德尼罗的回复是（如果我没记错的话）："你有没有跟她聊一聊呢？有没有跟她道过歉？"年轻人回答说："当然了！我给她发了无数条短信，又写邮件给她，我甚至还在聊天框里发了一个很悲伤的表情。"

德尼罗继续问道："为什么不跟她聊一聊呢？你不妨找到她，当面聊一聊。"年轻人先是沉默，接着思考了一会儿，然后答道："你觉得这样能行得通吗？"

在我看来，这一幕不仅反映出当代人的困境，也揭示了全人类所面临的挑战。

在人际交流方面，我们已经蜕变为只会"躲在键盘背后"——对潜在的重要客户，我们不会再打电话或是会面，而是发送邮件来沟通，对待家人和朋友我们也只是发发短信和whatsApp信息（whatsApp是一款即时通信软件，用于智能手机之间的通讯），不再打电话或上门拜访。在此我们暂且不谈"约会"和谈恋爱的情形。

即便身处数字时代，我们也要学会和别人面对面交流。又或许也正是因为这是个数字化的时代，我们才更应该和彼此面对面。

在所有的市场销售策略中（这些策略我都学习过，也实际操作过），"转化率"最高的（研究表明）仍然是在（特定的）观众面前演讲和汇报。若想让别人信服你，最好的办法仍然是面对面交流（如此一来，对方才能与你进行切实的交流和提问）。

排在第二位的是"一对一会谈"（指的是双方隔着屏幕交流的形式），排在第三位的是电话沟通，排在第四位的是"whatsApp"，而排在第五位的则是在手机上发送信息。

你可能会问，为什么whatsApp的转化率比手机短信要高？原因就在于，用whatsApp来联络私密性更强。你会向客户传递这样的信息（我们不妨从意识层面来解构这一种潜意识的行为）：你们彼此很亲密很友好，并非只有工作上的关系。

请你拿出手机看一看（是的就现在！请放下手里的书，看一看你的手机！看完后再继续阅读），你会发现whatsApp上的通知既有朋友发来的，也有邻居、孩子学校、孩子幼儿园的同学父母发来的。而手机短信通知则显得更为"正式",有广告推送,有提示信息(提醒你约了医生或是要去修车),有调查报告、调查问卷,有与你所在的公司和同事相关的信息,等等。

因此,如果我要给客户发送信息,我会被分到哪一类里面?很显然,我会被划归进更亲密和私人那一类别里,即便我发出去的消息可能比较"专业"或"正式",并非那么"亲和"。

排在第六位的是邮件,排在第七位的则是社交网站上的信息,譬如Facebook和Twitter上的消息。

看到这儿,有些人可能会觉得很荒唐。"作者到底在说什么啊?我每天都是通过邮件和社交网络和别人联络,并没有觉得有任何问题啊。"然而并不是每个人都觉得这样行得通。这样做或许的确没什么问题,但是如果我们稍加改变一下,或许事情会变得大不一样。

如果你想要与众不同(研究表明,Y时代人和出生在2000年的Z世代人想要与众不同的意愿最为强烈),想要取得独特的、私有的、专业的业务成就,你必须采取不一样的策略。

这就意味着和客户"互动",取得直接的联系,与他们建立某种关系,把你的信息正确而精准地传递给他们,而不是整天躲在电脑或手机屏幕后面(即便这是你的"舒适区")。

相比打电话,如今人们更习惯发送信息(包括语音信息)。

比起见面,人们更倾向于发送邮件(即使对方和他们距离非常近,譬如在同一个办公室或是邻近的办公楼里,他们也更喜欢发邮件交流,即便在交流非常重要的事情时也是如此)。

比起当面交流,人们更习惯给别人发送语音消息,在听完对方发过来的语音后继续以语音信息的形式回复对方。

曾几何时,我每天都能接到很多业务往来的电话(不包括家人和朋友打来的电话）。而现在随着我的生意"越做越大"，我每天接到的来电寥寥无几，whatsApp和Facebook上的消息却是"堆积如山"，常常数以十计甚至百计。

毋庸置疑，世界在改变，交流方式的变化也应运而生。但是人类还是人类，人类大脑的运作方式和10年前、20年前、30年前甚至更早些时候相比并没有发生任何改变。

你想要打败你的竞争对手吗？那么就请时不时地和客户"面对面"交流，不要总是"躲在键盘后面"。

你想要和客户协商产品或服务的价格，或是给出报价吗？那么请拿起你的手机，和客户好好谈一谈，在谈话的过程中你可以为你所给出的高价做出合理的"辩护"，不能仅是发信息告诉客户你的报价，然后等待对方的回复。

你想要从严峻的市场环境中脱颖而出吗？

和你现有的以及潜在的客户展开"实际"会面吧，形式可以是会议、演讲、汇报展示，也可以邀请对方来你的公司、工厂、办公室进行考察。

你想要树立专业权威性吗？试试出版一本专业领域的书吧（博客、电子书、网络研讨会虽然也是不错的方式，但是在当前社会中纸质的图书仍旧是信息产品中不可撼动的王者）。

正是由于你的大部分竞争对手，特别是那些年纪尚轻的人，忽略了上述这些步骤（他们甚至未能理解它们的重要性），你的客户会更重视彼此间的电话沟通、你出版的图书、和你进行的面对面会谈和演讲。它能确立你的权威。能让你与众不同。能让别人对你更"记忆深刻"。最终它能帮你谈成更多生意。

不要再"躲在键盘后面"了。外面的真实世界有趣得多，也重要得多。

什么样的行动能帮你收获更多的客户？

在销售领域，最重要的就是转化率。也就是说，你所联络的人里有多少人购买了你的产品和服务。

如果你给1000个人发邮件（他们收到并且阅读了邮件内容），其中20人决定付款，那么转化率就是2%。

如果前来听我讲座的观众人数为100人，散场之后有20人下单购买，那么转化率就是20%。

世界上所有的公司，不论其规模如何，都会采取多种手段和方法、借助各种平台（指那些比较成功的平台）来推广自己的产品和服务，譬如网站、产品推介、会议赞助、演讲和汇报、网络赞助活动、广告宣传、社交媒体活动、直邮等。

由于到了后期，每个公司（这里指的是规模小的公司）的时间、金钱和精力等资源都比较有限，他们必须考虑的一个重要问题就是——该如何最大限度地提高"转化率"。换句话说，应该把最多的资源投入哪个平台，才能吸引尽可能多的消费者呢？

基于我在过去十年里的研究以及在世界各地进行的考察，我总结出了市场法和营销策略的变化所遵循的不二规律——从转化率的角度来看，在一大群听众面前做演讲或汇报要比"面对面"交流更有效。

换句话说，比起与20人分别会面，当着他们所有人的面进行推介，愿意购买产品和服务的人会更多。

比起电话访谈，"面对面"会谈要有效得多（从转化率的角度来看）。

比起发送手机短信，电话商谈的转化率更高。而比起邮件沟通，手机短信则具有更高的转化率（也就是说，如果信息是以手机短信而非邮件的形式发送的，接收者的反应会更积极，购买的东西也会更多）。而与发送Facebook（以及其他社交网络）信息相比，发送邮件会更为有效。

在数据不变的情况下，如果我想要将转化率提到最高（换句话说，我想要让更多客户知晓这一信息），我的每一次操作都需要在"转化率"最高的平台上进行！

举例来说，如果一个客户通过Facebook与你联络（向你提问或是给你点赞也算作一种联络），那么你需要跟他们电话沟通。

如果一个客户一直通过邮件或电话跟你联络，那么你应当邀请他们参加会谈。

如果你一直"单独"约见客户，你可以邀请他们参加你的讲座，这样既能让他们彼此熟悉，也可以让你在同一时间被很多人了解和认识，等等。

从收益的角度来看，你的客户——你的"无形资产"可以很容易、很快速地变成你的有形资产，而你无须为此花费任何营销或宣传费用。

我的一个客户报名参加了我的指导项目，他的工作是在Facebook上推广业务。

他的一个客户经营一家玩具连锁店，同时也兼卖服装。万圣节前几周，我的客户在连锁店的Facebook页面上发了几条帖子，邀请家长们来店里购买服装。

当我们碰面时，我发现几乎没有人回复他的帖子，甚至感兴趣的人都寥寥无几。他给我看了他写的一些帖子，内容大概是这样的，"我们邀请你来看看我们店里的各种服装，其中既有成人服装，也有儿童服装以及各式各样的配饰""我们的价格很优惠"等。

我把帖子彻底进行了修改。

我向他解释说，这些帖子是在推销解决方案，而他需要专注于卖出问题或需求（我在本书的第一章谈到了这个原则，并将在第六章对此进行展开）。

想一想原因：在万圣节前两三个星期，家长们会有什么烦恼？

大多数父母都不会有"烦恼"，因为他们甚至不记得再过几周就是万圣节了。

大部分人只会记得老师是在哪个星期告诉他们幼儿园或学校的放假时间，以及万圣节派对什么时候会举行。

但到那时可能就太晚了，因为他们会在最后一刻发现自己和大多数父母一样，挤在商店里，找不到他们想要的服装，因此不得不妥协或将就用剩下的东西。

我们以"抛出问题"的形式重新构思了帖子，内容如下："此信写给那些认为万圣节依然遥远，还有时间来买服装的家长，那些想买孩子指定好的服装、不想让他们失望的父母，以及那些希望拥有选择权、而不是只能拿别人挑剩下的衣服的父母——如果你不快点，衣服就卖没了！现在，是时候去商店为你的孩子选择一件尺寸刚好、与他们最般配的服装了！"

我们还简单介绍了一下服装，并在每一篇帖子的结尾注明了商店的地址和联系方式。

果不其然，这篇文章"感动"了更多的家长，被更多的人知晓，反响也比之前大得多。

顺便说一句，在此种类型的帖子上，甚至没有必要注明"有竞争力的价格""折扣"或"有吸引力的价格"等字眼！

因为一旦我为客户解决了他们所面临的实际问题，价格就会成为次要的考虑因素（这一点我在第一章就给予解释了，并将在第六章做出更详细的讨论）。

但故事到这里尚未完结——可能你的帖子写得不错，在Facebook上也收到了很多反馈，那现在的问题是——该如何处理这些反馈！

那家连锁玩具店是怎么对待反馈意见的呢？他们几乎什么也没做。他们只是给一些评论点了赞，回答了一些特定的问题，譬如"商店的地址是哪里"，但他们并没有与消费者建立任何真正的联系，或呼吁他们行动。

我们可以用一种叫作"购买信号"的神奇的营销工具来解决这个问题。知道这个工具的人不多，用过的人则更少。

你可能也遇到过这种情况：有人"暗示"你自己对你正在做的事或是宣传、销售的东西感兴趣，而实际上并没有问出任何具体的问题，或显示出购买的欲望。

此时正确的处理方法是"寻求参与"，也就是积极响应"购买信号"，将客户转移到更高的"转换平台"上，说些好听的话，然后在Facebook上发消息，请他们告知他们的电话号码，这样一来，你便可以多跟他们聊起你的服务或产品。当他们留下他们的电话后（如果你运用得当的话，响应率会非常高），马上打给他们。

我的客户用了这一方法，几小时就得到了好几位顾客的电话号码，他们表示对商店的服装很感兴趣，希望进行进一步的了解。

他把这些热线转给了商店经理，明确指示其给这些顾客打电话。

一个星期过后，他问商店经理顾客都买了什么，她的回答却是：什么都没有。

"你给他们打电话了吗？"他问道。

她回答说："没有。我在Facebook上给他们发了一本小册子，里面有我们的服装清单。但他们没有再联系我。"

这真是一个劳民伤财的错误！因为顾客们等的是商家的电话。

这些顾客想要购买服装，对出售的其他东西他们也都或多或少愿意买下。

这家连锁店已经花费了大量精力来取得这些"热线"，并与顾客进行了私人接触。但它接下来却"后撤一步"，切换到一个转化率低的平台，而未选择与这些热线进行电话沟通。

他们"躲在键盘后面"，在Facebook上给客户发送通知——客户得到的不是私人对接，只有一本人人都可拿到的普通小册子。

因此这些"热门线索"没有和他们联络也就不足为奇了，当然也就没有任何买卖。

我把它称为"把钱扔在地上"。

商店经理可能会感叹"Facebook营销不起作用""我们在Facebook上花了那么多钱却一无所获""市场真的很困难，你只能通过卖服装赚钱"。

这真是太遗憾了，因为这件事原本可以是另一种结局。

你可以"寻求与客户接触"，为他们提供独有的服务和沟通（比如打电话），这样，他们便会从你那里购买产品，而不是从竞争对手那里。

如何通过与顾客的初次会谈来增加收入？

我有这样一位企业客户：其年营业额达数亿美元，负责为工厂和重工业企业生产工业产品和部件，并与国家工业部门保持合作关系。

这家公司的客户（决定着是从他们公司还是从竞争对手处采购）是来自诸如食品公司等大型工厂的采购经理和制造经理。

我们负责为这家公司提供咨询服务（包括考察现场销售代理点、访问客户、搭建员工销售场景、参与客户服务中心、销售研讨会、对首席执行官的战略咨询等），其中的一项服务是帮他们在不增加营销费用的前提下找到额外的（有创意的）方法来增加公司的收入。

我们提出的第一个想法是在公司总部与顾客会面。

公司有一个非常有趣的"生产车间"（它是工厂的一部分，在这里你可以看到零件是怎么生产制造的）、一家"厂家直销店"和一间翻新后的培训室，它大部分时间都是空荡荡的、没有人使用，偶尔会有员工把午餐带到这里来吃，而且它总是发出亮晶晶的光。基于这些设施，我们对公司经理提出了如下建议：

把你最好的50个客户，也就是公司里与你联系最密切的人、能为你带来最大收益的公司代表（我将在第五章中详细说明如何识别他们）邀请过来，请他们进行一天的访问。

行程包括带他们参观工厂和"生产车间"，向他们解释公司是如何运作的，让他们在漂亮的新培训室里聚集起来，享用食物和点心，把他们介绍给彼此，让公司总经理进行简短的发言，接着由副总来汇报行业详情。

在我看来这种做法很简单也很常规，我已将其成功地运用在了许多客户身上，但在他们听来这绝对是革命性的（他们一开始甚至反对这个想法）。

于是我们问他们："有多少客户去过你们的工厂或办公室？"他们的回答是："一个也没有。"我听了之后颇感惊讶。

如果能和客户发起会面，你的收益无疑是可以增加的。

这是为什么？

第一，你可以借此机会与客户建立联系，理由可以简单描述为"我想邀请你参加一个活动"，而不是问对方"我发给你的报价有什么问题吗？"

第二，如果你给50个客户打电话，实际可能只有15～20个客户会来（考虑到时间和方便与否），而那些没有来的人也同样会很感激你还想着他们、能够邀请他们。

第三，来到你公司的15～20个客户会发现他们对你的了解并不充分，譬如你的专业知识、专业程度、客户数量等（毕竟，在同一个房间里的客户所处的领域各不相同）。

第四，这是一个绝佳的（而且是初始的）让客户帮你引荐其他客户的机会，此外，你还可以借机与他们达成额外的交易，让他们签署已经推迟了一段时间的协议（毕竟他们已经参观了你的公司，还享用了美食和饮料）。

换句话说，这样的会议对你百利而无一害，可以增加你的收入——无论是短期的还是长期的。而其中最妙的一点在于，这样做不会给公司带来任何损失！

工厂和培训室始终是开放的，员工和管理层的工作也不会受到任何影响。唯一需要花费的（有可能会花费掉的）是一点点管理时间，因为你需要打电话给合适的人并邀请他们，还需要购买几百美元的食物和饮料。

那么，它如此"简单"，为什么却几乎没有企业和公司这样做？

因为他们暂时还没有想到这一点；因为他们很难实现它；因为他们太忙于"生存"，无法"跳出固有思维模式"来思考；因为他们盲目地追求招徕客户（包括花很多钱购买新的"线索"），而不是在新客户身上投资。此外，他们不懂得评估自己的"无形资产"，也不知道如何使它们变得"有形"（在收入方面）。

PART 5

如何吸引消费者购买你的产品？

如何"诱使"消费者不在竞争对手那里花钱

以一款"简单的"产品为例。

假设你是一名等离子电视机经销商,你在街边有一家自己的电器专营店,而就在同一条街上还有其他几家专营店也出售等离子电视机。而我是一名顾客,某天我走进了你的店面,一名导购走到我身边,开始向我介绍正在看的一款电视:"您看的这款电视分辨率高,图像清晰。分辨率为8,像素和分贝均为12(这些数据仅做举例说明用)。"我只是一名普通的顾客,并不是研究电视机的专家;我并不清楚像素这些东西究竟指的是什么。说实在的,我并不觉得屏幕的清晰度有这名导购说得这么高。

消费者不理解你的产品优势,不得不在你和你的竞争对手之间抉择时,会优先考虑什么?当然是价格。

作为一名消费者,我的内心活动是这样的:我并不明白这台电视和我刚刚在旁边商店里看到的那台有什么不一样、好在哪里,但是价格我却是能看得懂的。这里的报价是300美元,而在邻店只需200美元就可以买走一台电视机,这样看来,我要去另外那家店买。

在消费者不理解商品价值的情况下,你便处于"重价格的市场"环境中。价格是唯一的考虑因素,谁的东西卖得便宜谁就能赢得消费者。如果出现价格市场,所有人其实都是失败者,不只包括你和你的竞争对手,也包括消费者，原因就在于：在这种情况下，有些参赛者（商家）就会精神崩溃，而提供给消费者的产品或服务质量也就会相应地打了折扣。

让我们想象另外一种情况。

你仍然是一家等离子电视机商店的店主，某天，你写了一份免费的导购指南，名曰《为起居室选择等离子电视机的10个秘诀》。随后你将该指南复印了数十份甚至上百份，并向每个踏进店里的顾客分发一份。此外，你还把该指南挂到了商店的Facebook页面上，并以邮件的形式发送给所有的顾客。这些行为都再简单不过，它们只需要多花费几天的时间，而且你的脑子里其实已经有了一整套成熟的规划（你需要做的只是把它们付梓成册）。

那么有趣的事情来了：现在情况究竟如何？

首先，你已经让自己从其他竞争者中脱颖而出了。何以见得？由于你撰写了一份专业的指南，并且先发制人，做了所有竞争对手都没有做的事，在别人的印象中你就是一名专家了（不论是从我个人还是其他人的经验来看，只要你将产品相关的信息公之于众，你的专业权威性就会大大提升）。

其次，你极大地拓展了自己的"病毒"市场（亦即口碑营销），因为你的顾客会彼此传阅这份指南，或者向其他人推介你的产品（在当今科技的助力下，这一点很容易实现：他们可以在脸书上分享产品信息，将产品指南发邮件给正在寻购电视的朋友，诸如此类）。

再次，你在鼓舞别人来你的店里消费。因为你在宣传指南的每一页（包括封面和最后一页）都列出了店址、邮箱和电话号码，如此一来，人们阅读之后，就知道如何联系你。

最后一点十分关键，你也对自己的受众进行了很好的思想教育。

譬如你的相对市场优势在于等离子屏的高清晰度，你在这本题为《为起居室选择离子电视机的10个秘诀》指南的第一条会列出什么？

答案显而易见：根据清晰度来选择适当的等离子屏。你需要给出一些小贴士，并且分几个章节来向消费者讲述该如何辨别一台显示屏是否拥有较高的清晰度，检测图像清晰度时应该重点关注屏幕哪些位置等。

不过，那些阅读了导购指南后到店咨询的消费者通常都受过良好的教育。他们知道该观察屏幕的什么部位，他们对于导购员的讲解是否足够专业有着更好的判断，而如果你的电视屏的确清晰度够高，他们会感到非常满意。能够捕捉到你的产品价值的人往往会从你这里购买，而不是从你的竞争对手那里。不仅如此，如果你的竞争对手所卖的产品价格较低，他们会愿意出更高的价格来购买你的产品。换句话说，这本薄薄的指南能够将你从价格市场转移到价值市场中。此外，这些顾客会成为你的忠实代言人，因为他们对你印象深刻——这既是这本指南的功劳，也由于你让他们了解如何挑选产品，他们满怀感激。

你一定会同意我下面的说法：假如我要出席一场针对电器店老板举行的会议（事实上我也经常会这么做，因为我的顾客中也有很多顶尖的家电连锁商），并且向他们解释我刚刚对你们说过的话，我很可能会收到如下回应：

"我们店里的情况不一样。"一名顾客走了进来，在听完导购员的介绍之后再决定是买还是不买。

"我们面对的顾客也全然不同。我们的市场法则是，一切都取决于价格。"

"你所说的也许适用于其他类型的市场，但是对我们而言却不是这样。"

然而事实绝非如此！市场教育是当前营销的主要趋势之一，各个行业、各种类型的市场、各个领域都显示出其突出特征。

那么你处在哪个位置？你究竟是想置身于价值市场、拥有较高的专业认可度和定价，还是想要"委身于"价格市场，和你的竞争对手一样不断降低所售商品的价格呢？

顾客不买你的产品的头等理由是什么？

假设顾客对你提供的产品或服务感到满意，他们为何还会离开你？

假设并没有消费者投诉某个公司的任何一名员工，为什么公司裁员时，有人遭辞退，有人能留下？

又是什么原因使得账户处于严重透支状态的人决定取消健身馆的会员资格，或是停下孩子的课后活动，但是却万万不会抛弃自己的手机或电视机呢？

上述问题的答案取决于该产品或服务对他们而言的重要性。

从大体上而言，产品和服务可以分成两种："必须拥有"和"拥有会更好"。

换句话说，"必须拥有"的产品或服务指的是对我而言绝对不可以缺少的东西，而"拥有会更好"的产品指的则是于我而言并非那么不可或缺的东西。

不过这种划分并不是绝对的。每个人都有特定的一些对自己而言不可或缺的东西，以及渴望拥有的东西。另外，总有些产品或服务是我们渴望但是苦于没有足够的时间、金钱、闲情逸致或力气去拥有的东西，这时候我们就会放弃一些重要的东西来得到这些"喜欢却非必要"的东西；这些东西便是不一定非要拥有但是却为我们所需要的东西。

这一类的产品和服务因人而异。

此外，我们定义为"必不可少"的东西也许并不是那么"不可或缺"。

我为什么会了解得这么清楚呢？因为科学研究表明，我们现在日常消费的产品和服务20年前根本不存在！

请好好想一想：不过就是在20到25年前（美好的时光总是短暂的，你还来不及享受便转瞬即逝），世界上还没有因特网、手机、等离子电视这样的高科技产品，而今天人们所熟悉的大多数食物、交通方式和服装品牌也都还未问世。不论你信不信，我们当年也过得很舒适！

因此，对今天的人们来说，即便他们长期入不敷出，他们仍然会认为手机或脸书这类社交网络是生活的必需品，他们无法想象停止使用手机或是网络账号。其原因并不在于他们真的离开了这些东西便无法生存（尽管有些人对此强烈地质疑），而是因为他们早已习惯了这些产品，对这些产品产生了依赖；在享受着这些高科技产品带来的好处的同时，他们也时刻在被市场宣传洗脑，被巧妙地灌输这些产品多么好多么重要的思想！

如果顾客告诉你，他们没有足够的钱从你这里买走第一份商品，或是持续地从你这里买东西。如果一家公司告诉你，他们的预算不足以支撑他们同你展开合作，或是维持伙伴关系，你千万不要被骗！他们的钱非常充足！他们从来没有停止挥霍手里的钞票！他们只是把钱花在了对他们而言更重要的事情和价值更大的雇员上面。

而你呢？你的产品不过位于"拥有也还不错"列表，并不在"必须拥有"那一栏！

那么应对方案是什么？让你的产品或服务（甚至你自己）进化成必需品（绝对不可以缺少）！向人们更好地解释你的工作或是你销售的产品。与消费者侃侃而谈产品的"好处"。向他们解释如果不同你合作，他们会错失什么良机，让消费者明白：如果离开了你，他们的人际关系、专业能力和商业水准都会大受损害（这取决于你出售的是何种产品或服务）。

人们为什么一遍又一遍地重复相同的行为？

你是否曾经不止一次地读同一本书？很有可能吧。

非但如此，过去这么多年来，你读过不止一遍的书可能有许多。事实上，你如果真的喜欢某本书，就会读上它好多好多遍。

你如果喜爱某部电影，不论它是剧情片、爱情喜剧片还是动作片，都会一遍一遍不厌其烦地看。

那么问题来了：你为什么会这么做呢？书还是那本书，里头的字分毫未变。电影也还是那部电影，和你第一次观看时毫无二致。

我们为什么还会反复地、一次又一次地买票去电影院观看呢？你没看错，很多人都会这样做！

答案是：电影和书都没有任何变化。改变的是你！

重复做某件相同的事，你其实是在以完全不同的方式感受它。

原因有二：

第一个原因，你已经掌握了部分信息，因此在接收和第一次不同的新信息时，你的心态会更加开放。

第二个原因，重复做这件事时，你会收获全然不同的体验；此种意义上的不同不仅表现在认知方面，还表现在成熟度和智慧性上（如果两次做这件事的间隔为数月或数年，这种不同会更加显著）。

113

近来我主持了几次会议，从中我注意到一个普遍现象：每次会议我都会见到数十张熟悉的面孔，此前的相同主题的会议他们分明也出现过，然而他们再次到场，并且再次买了票。我问这些人为什么第二次甚至第三次前来听同一场会议，得到的答案总是相同的。

然而如今，这却是完全不同的一种体验。

"那些笑话依然让我忍俊不禁，即便其内容我已经倒背如流。"

"尽管你以前也讲过那些事情，对我来说很多却好像第一次听说那般。"

"我刚刚才理解你究竟想表达的意思。"

"这一次我的关注点不在你说的话本身，而在你说话的方式。"

结论就是，你如果喜欢做某件事，很难克制住自己不去再做第二次。

通过一遍又一遍的重复，你不但可以锤炼自己的专业技能，还能再次拥抱那种美好的体验，并且以一种全然不同的方式再去感受它。

一个细节就能动员人们行动起来

美国前总统比尔·克林顿有一个特殊的习惯。

故事要从20世纪60年代开始讲起。16岁那年,他参观了白宫,遇到了当时的美国总统约翰·菲茨杰尔德·肯尼迪,从此坚定了成为美国总统的决心。

在其后数十年的漫长岁月中,无论遇到什么人,他都会给对方制作一张记忆卡。这一做法后来成为他政治和个人生活不可或缺的一部分。他会在这张记忆卡上写下对方的姓名、其夫人的姓名、对方的职业,以及他是通过何种渠道结识自己的等信息。久而久之,他的办公桌上堆满了木箱子,里面装着按字母表顺序排列的数不清的记忆卡片。

20世纪90年代初,他参加了总统竞选,在这段时间里,他依然未改原来的习惯:在每次选举会议前,他都会和团队一起翻阅这些记忆卡片,看看他们中有谁在场。

如此一来,在选举会议上,他会当着所有人的面和自己的追随者打招呼,方式非常随性:"嘿,乔治!最近怎么样?尊夫人苏西过得可好?今年鱼钓得怎么样?"

他是如何知道这些细节的?他分明数年未曾见过乔治!答案就是:他早已经将这些细节写在了记忆卡片上。

这听起来也不是多么不同寻常或惊世骇俗的习惯，但是其产生的效果却是令人惊叹的。

对于比尔·克林顿这样的大人物在私下里提及自己（这无疑是在建立情感纽带），这些人大受感动，随后便会向其他熟识的人夸耀克林顿的习惯性动作（口碑营销开始登场）。他们还会顺带做一件微不足道之事：他们会在下一次选举时投克林顿的票！

这些人还会自发动员其他人给克林顿投票！

这一点被称为：动员人们行动起来。

比尔·克林顿则是这方面的大师。

如何缩短你的学习曲线？

下面的情景想必你并不陌生：

你来到了一家并不熟悉的餐厅，拿到菜单之后快速地扫了一眼，然后问前来点单的服务生：请问你们店里有什么推荐的菜？

有时我们会给服务生指出大体的范围。比如，我们可能会问"你们这里有什么好吃的沙拉？"或是"我想吃肉，有什么推荐吗？"但是一般而言，我们都会让服务生给我们推荐一至两道菜品，而大部分情况下我们都会对他们推荐的菜品表示认可。

那么问题来了：我们为什么会这么做？我们为什么要让服务生（他们通常都是做零工的大学生甚至高中生，年纪比我们小很多）帮我们决定该吃什么？我们为什么要把点菜这一重任转交给别人？为什么我们要让别人帮我们决定某项娱乐活动（此处指的是就餐）是否有趣？为什么要让利益所有者（服务生代表的是餐厅的利益和形象）决定我们应该付多少钱？

这些问题都很有趣，不是吗？

而答案则在于：因为在我们看来，餐厅里的服务生是专家级的人物！他（她）对菜单的了解比我们多得多，他（她）整天待在餐厅里目睹顾客点单，因此知道（或多或少）不同年龄和社会地位的人适合什么样的菜色。每个餐厅内部还有很多我们不知道的其他事情。

当我们向任意领域的专家咨询的时候，我们想从他们那里知道什么？

首先，我们想知道他们独特的看法。我们想知道他们是如何看待事情的。以服务生为例，我们想知道他们是如何看待菜单和菜单上所列的各色菜品的（我们自己也固然能够看得懂，并做出自己的判断，但仍然有必要了解专业人士是怎么想的）。

其次，我们想缩短学习曲线。我们总是想要尽快做出最正确、最有价值又最便捷的决定（本例中指的是选定最可口的佳肴）。

因此我们有两种选择：首先，我们可以在仔细研究菜单后采取反复试验的方法来点单——先列出来几种备选方案，然后决定哪种是我们最喜欢的。但是这需要花费许多时间、金钱和精力。其次，我们可以咨询专家，听听他的专业意见，如此一来，我们第一次做决定（本案例中指的自然是点菜）成功的概率就会大大增加。

任你再聪明，经验再丰富，也总会有一些领域是你不擅长的。在这些你不甚了解的领域内，若想要节省时间、金钱和精力，并且缩短你的学习曲线，你需要找到合适的专家去咨询。

如何成功地吸引客户的注意？

2013年5月，我以专业培训成员的身份前往美国，和我同行的还有一位同事。

在酒店住了几天之后，我们把东西收拾好、房间整理干净之后，就前往酒店大堂准备办理离宿了，下一站我们要去别的地方。当我们拖着行李箱走在房间外的走廊上时，我们看到了正在打扫该楼层另外一个房间的一位女服务员。她冲我们莞尔一笑，说道："很高兴再次见到你们。希望你们接下来的旅途愉快。感谢这段时间入住我们酒店！"我们也对她报以微笑，表达了感谢之情，接着又对这家酒店美言了一番。

接下来的几小时，我的脑海里始终回荡着她刚刚说的话。我不禁感慨，这家酒店提供的服务多么上乘啊！

我们所住的店面只不过是这家规模盛大的酒店的一个分店，这名女服务员和我们没有过直接接触，我们也不曾向她提出过任何请求；我们只不过是碰巧见到她，却意外地收获了她的微笑、赞赏和感激。

她说的这些话在你听来也许微不足道、不值一提，不过对当时的我们而言却意义重大。

首先，由于她的这番话，我们离开的时候心情十分愉悦，"购物体验"更好。

其次，她的行为告诉我们：即便是酒店里最底层的员工也有责任照看好顾客。

再次，她这样做也证明了自己！因为在她冲我们微笑的同时，我们也在对她微笑，同她攀谈。毋庸置疑，她成功地吸引了我们的注意！

现在请诚实地回答我：你有多少次在经过服务人员（他们的社会地位俨然低你许多）时对他们视若无睹，不论是在餐厅、电影院、活动现场，或是机场。

我们中的大多数人都会这么做，究其原因，却并不是我们残忍冷漠，而是我们根本看不到他们。但是通过主动和我们打招呼，这位服务员成功地闯入了我们的视线！

这于她自身而言也是非常有利的：不仅在我们心目中，她的生存意义和价值得到了提升，最重要的是，她在自己眼中也变得更加优秀！

每次我前往美国，总会被那里服务业人员的素养深深打动。尽管他们不过是在普通的旅店、餐厅和多功能厅里做着服务工作的人，他们默默无闻却高效地履行着自己的职责，不会对来来往往的人太过关注（太过关注往往会变成干扰）。

美国商界十分注重提供优质的服务，所有的服务供应商，甚至是那些身处社会最底层的服务人员，譬如服务员、飞机乘务人员、搬运工都认为自己的工作非常具有专业性，并对此引以为豪。

研究表明，在美国，很大一部分此等服务供应商都会在自己的岗位上坚守多年，因为在他们看来，不论基于何种动机和目的，自己都在从事一种神圣的职业。欧洲社会也是这样，特别是在意大利和西班牙等国家，你更能时刻感受到这种氛围（举个例子来说，欧洲的大部分服务员都年过四十）。不论基于何种目的或动机，只要你认为自己从事的是一种有益的职业，你就会满怀敬畏地对待它，并且将自己始终视为其中的一分子。

即便你尚处于职业生涯的开端，你也要将每一笔业绩、每一个职位都视为通往成功的重要步骤，将经历的所有阶段都看作成功的必经之路（即便你已经准备好迈入下一个阶段），并且让你在所有场合下碰到的人都感到愉悦、被尊重。

就如故事中的这位女服务员一样，当她冲我微微一笑的时候，她不仅照亮了我的世界，也让她自己的灵魂得到了升华。

如何对待"不成熟的"顾客？

假设我正在开车，突然手机响了。我接起电话（开的免提），电话那端的人跟我说想请我去他们公司做一场演讲、研讨会或是商业咨询。

我跟对方聊了一会儿，知道了他们公司的基本信息，向对方交代了一些细节。当聊天接近尾声的时候，对方跟我说："好的，我明白了。我要跟我的合伙人谈一下（我会跟领导层沟通，然后给你回电/我们也在寻找其他可能的合作方/我会在其他方便的时候再联系你）。"

聊天结束了，交易并没有完成。一切（包括主导权）似乎都掌握在这位潜在客户手中，而我应该做的则是等待他们再联系我（如果他们这样做了），继续谈这笔交易。

为什么主导权"似乎"掌握在顾客手里？为什么他们并没有完全掌握主动权？

因为在聊天的过程中（或是在谈话快结束的时候）我做了这样看似微小的举动——我向客户要来了他们的邮箱以及一些其他细节信息（如果对方是用公司电话或是未识别的电话号码打来的，我会问来电者的名字、公司名称和联系电话）。现在，我已经掌握了自己需要的全部联系方式。我也有主动权。

我接下来会怎么做？我把聊天过程录了下来，在CRM（客户关系管理）系统里上传了这名客户的详细资料，此外，我还把客户的邮箱地址添加到了邮箱列表。接着，我给他们发送了一封"破冰邮件"（一系列邮件中的第一封），并把我自己写的《畅销指南》添加到了附件中。此后客户会陆续收到我的邮件，频率为平均每周一次。我觉得这么做有利于交易达成。

接下来会发生什么？邮箱列表的真实用处何在？客户会记住我。他们会认为我跟其他人是不同的。如此，我就给自己打造出了一个专家的形象。如果这家公司的联系人还联络了除我之外的其他三四位供应商，当他们在回顾我们给出的种种方案的时候，他们就会发现我是唯一一个"优雅地"做出回应的人。

如果在第一次会面后客户没有给出答复，其他人可能会"不厌其烦地"跟进工作。他们可能没过几天就电话给对方，跟他说："你好，我是雅尼夫，我们几天前聊过，我的提议您有考虑过吗？"未来几天内，他们会继续给对方打电话，告诉他："我下个月的日程安排很紧。请问我们的合作是否要继续？"几周之后，如果恰逢假期，他们就可以在电话里跟客户说一句"节日快乐"。可是这样做不但让自己很累，还会引起别人的厌恶。这种无休止的联络对于客户是种打扰，而且最重要的是，这么做根本是无效的。

邮箱列表的真实用途究竟是什么？以我自己为例。对邮箱中的联系人列表，我会时不时地进行更新，把精心写好的邮件发送给目标顾客，激发对方的购买欲。这么做可以把那些真正感兴趣的、有结算能力的（当天完成支付才是交易的目的）的客户和那些不够"成熟"、无法接受你开的报价的客户区别开来。

如果客户足够"成熟"，在我们第一次电话聊天时或是几天之后，交易就可以完成。但如果客户不够"成熟"、不能按时完成交易——因为对他们来说这件事的紧急性并不强，或是因为他们还不了解我，再或者他们没有意识到他们的需求或问题阈值,那么他们就将一直收到我发送的材料和信息。

他们或许今天还不够"成熟",下个月、接下来的几个月可能依旧不太"成熟"。但是在半年过后,当他们要为雇员紧急开一场咨询会、培训会、讲座、研讨会、签售会的时候,他们会联系谁呢?

他们会在网络上搜索合适人选,或者重新寻找供应商吗?

还是突然想到有一个时常发邮件给他们、随时在线的行业专家?

答案毋庸置疑——他们会联系我。

这就是邮件列表的真实用途。

你要学会"培育客户资源"。千万别觉得写了几封邮件就万事大吉,而是要时不时地跟他们取得联系(无论邮件列表里的联系人是否已经成为自己的客户)。

我经常有意外之喜。

就在写作这部分内容的前几周,我正忙于为一家知名制药公司的经理们举办研讨会(他们要在媒体前露面,并且出席一个由议会成员和卫生部官员组成的委员会,我负责做好筹备工作)。

在研讨会上,我问他们是如何找到我的(研讨会几个月前就预约好了)。得到的答案是:这家制药公司的副总裁连续五年都在阅读我的时事通讯。

这也就是说,五年来我甚至不知道有这样一个人的存在,也从未收到过她的公司发来的电子邮件,但是突然有一天,在他们真正需要我为他们提供服务、当他们已经足够"成熟"时,她立即命她的员工联系我。一笔交易就这样愉快而迅速地做成了。

我觉得像这样未知的客户还有很多(他们中有一些人可能正在读这本书),或许此刻,他们正暗自酝酿,"蓄势待发"。

一招教你识别出谁是"好"客户，谁是"坏"客户

前文曾提及，你的收益的80%都是由那些"好"客户创造的。

而现在你需要擦亮双眼，从财务的角度来检验一下，你的大部分收益究竟是由哪些客户创造的。

请不要臆想，不要凭直觉去确定，也不要"大概估计"一下是哪些人。请把会计叫来，一起查阅数据表和财务报告。锁定一个时间段，跨度可以是一年，也可以是去年或者两年以前。列出这段时期内你所有的活跃客户，并逐一写下他们每个人在那段时间里为你的企业创收多少。你可能会惊讶地发现，那些你脑海中经常想起来的和嘴边时常提及的客户，在过去的几年内其实几乎没有给你带来什么收益。

你准备好了让哪些"好"客户接受"金钱测验"了吗？

现在让我们把"趣味测验"加入进来。

从他们消耗掉你的时间和精力的角度，标记下每个客户对你来说是"好"的还是"坏"的。

你很有可能会发现（对此你也许会感到很吃惊，也许不会）以下情况：

首先，你有很多"麻烦的"、让人抓狂的客户，他们"消耗"了你大量的时间和精力，你为他们花费了太多脑细胞，而实际上，他们却几乎没有（付费）买你的产品和服务。

其次，你会发现有一些客户从来没为你掏过腰包，或者是只在短时间内买过你的东西（即便他们买了，支付的金额也是少得可怜），但这并没有阻止他们"让你抓狂"，耗费你大量的时间。

所幸，你最后发现自己还是有几个优质客户，他们为你贡献了很多营业额，却基本上不会占用你的时间，他们才是你真正要合作的，而你在他们身上花费的时间却远远不够。

确定哪些是好客户之后（指的是为你带来80%收益的人），我们要把心力多倾注在他们身上——鼓励他们，跟他们电话沟通，给他们发送专业材料，问他们有没有好的客户推荐给你，因为他们极有可能会带来更多像他们这样的"好"客户！

向他们询问朋友、同事、客户的详细情况，这些人会像他们一样从你的产品和服务中受益。

为什么"好"客户很有可能通过另一位"好"客户的推荐来找到你？

其中暗含一条"物以类聚"的营销原则。

假设你现在拿着某公司CEO（首席执行官）和高级主管的手机，当你查看他们的"联系人"列表时，你很有可能会发现哪些人的联系方式？其他更多CEO的！

而如果你手上拿着的是出租车司机的手机，你最可能在他们的"联系人"列表中找到哪些人？其他出租车司机的。

如果是一名政客的手机，在其"联系人"列表中你则会看到其他政客、政治顾问和相同领域其他人的联系方式。

人们倾向于与"同类人"接触——他们收入相似，在同一个行业工作，住在同一个地区，家庭地位也相似。

假设一位慷慨的客户碰到了一个"吝啬"的客户（他为了钱会和所有人纠缠不休，直到对方给他折扣他才善罢甘休，我把这种人称为"优惠券顾客"），我们尽可以做出这样合理的假设：在日常生活中，他们绝不会成为朋友的。

为什么？答案很简单：他们在一起不会开心的！

他们选择的度假地点不同，常去的餐馆也不一样，在这种情况下，"吝啬的"客户会觉得和"慷慨的"客户待在一起很不舒服，因为对方的生活比他好太多。"慷慨的"客户会对吝啬的客户感到失望，因为和他们相处没有乐趣，还处处受限，如此一来，他们便再也不会一同外出。随着时间的推移，"慷慨的"客户会和其他"慷慨的"人成为朋友，并会和他们一起出去玩，而"守财奴"则会和其他"守财奴"做朋友。

因为"好"客户可能认识很多像他们一样的"好"客户，所以，要想招徕其他"好"客户，你需要让已有的"好"客户帮你引荐。

这种方法可以帮你在相对短的时间内获得大量优质的潜在客户。

在你确定了"坏"客户（指的是占客户总比重20%、浪费了你80%的时间的客户）是哪些人之后，你就应对他们进行"再教育"并且区别对待了——少关注他们，让他们安分守己，在与他们沟通时给他们设定明确的界限。当事态变得极端时，你也可以在必要的时候"解雇"他们（停止和他们共事，不再回答他们的问题）。

这并不容易实现，因为优劣难辨，但你必须这么做。

这对你事业的稳定和发展至关重要。对你收入的增加也至关重要。最重要的是，这对你内心的平静意义深远。

因为如果你把宝贵的时间和精力"消耗"在"坏"客户身上，会对你个人和你的生意造成极大的危害，而这些时间和精力你本来可以倾注在那些优质客户身上。

如何"炒掉"那些"不甚理想的"客户？

企业家、小型企业和销售人员常犯的一个最大错误便是：他们不会自己选择客户，他们会与出现在身边的所有人进行合作，向任何与他们有联系的人销售产品，服务的对象却仅限于那些向他们求助的人。

他们的专注度不够，积极性不强，不会选择合作对象，也无法判断哪些人是可以进行直接营销、应当作为主攻对象的目标受众，相反，他们的应对方式是消极淡漠的，不知道自己想与什么类型的人群合作。于是在实际操作中，任何人都可以成为他们的合作伙伴。

这里的任何人既包括主动联系他们的人，也包括愿意购买他们的产品或服务的人。

结果就是——他们发现和他们合作的人"不够理想"。

他们发现那些消耗他们精力和资源的客户是让他们赔钱的客户（甚至是在双方开始合作之前），以及那些不成熟、不相干的客户。这些人既能"逼疯他们"，也使销售人员和服务提供商心烦不已。

过去的二十年间，我一直在探寻某种相反的策略，一种自己去选择客户而非让客户来选择自己的办法！

不要因为"没有其他选择"而与你眼中的"坏"客户合作，你应当只跟在你看来"优秀的"客户合作（后面我会简要解释什么是"优秀的客户")。

不要只和那些主动接近你的客户合作，而是应当把你的市场资源（你的时间、金钱和精力都是有限的）投入、锁定在那些你真正想与之合作的人身上。

不要把时间浪费在那些"不成熟"或表面看起来合适的客户身上，而是要明确你的目标受众，选择正确的时机（完成交易的可能性最大时）与潜在的客户谋求合作机会。

不要与"坏"客户妥协，即便你和他们一起工作过一段时间，离开他们会让你感觉"很糟糕"。你应当直接"炒掉"他们（是的，你没听错！炒掉那些"坏"客户），不要再向他们出售任何服务和产品（即使他们想继续从你这里购买）。

和"坏"客户（指那些会浪费你的时间、金钱和精力的人）合作的最糟糕的后果是：他们会把自己的朋友引荐给你，而那些人也极有可能是"坏"客户。

什么是"好"客户，什么又是"坏"客户呢？

我们该用什么样的标准来判断一个客户在一段时间内是否能促成业务的发展？

这因行业而异，因人而异，也因所在的领域而异。

不过，在检验顾客是否适合自己时，有两项通用的测验——"趣味测验"和"金钱测验"可以帮助我们得出结论。

让我们先来说说"趣味测验"。

我相信，不论是在哪个领域、从事什么样的工作，也不论你是雇员还是老板，是提供服务还是销售产品，如果你事业有成，那么你一定有这样的感觉：每天早上起床的时候，你都感觉神清气爽，一想到和自己共事的人，你的内心就充满喜悦。

这个世界并不完美，但是每个人都必须学会掌控自己的生活，特别是自己的职业和事业，此外，我们还必须学会挑选与自己共事的人。

所有人（包括大公司在内）的时间、金钱和精力都是有限的，不应该"浪费"在那些让我们"消耗精力"的客户身上。这样的人会耗尽我们的积极性和乐观性，逼得我们想转行。

"趣味测验"也叫"电话测试"，它可以帮助我们鉴别出哪些是"好"客户、哪些是"坏"客户，只需要一个简单的步骤便可完成——想一想当你的客户打来电话，当你看到手机屏幕上出现他们的名字时你的内心做何感想。

如果客户打来电话时，你看到手机屏幕上他们的名字时感到开心、快乐、愉悦，或者忍不住自言自语，"他们给我打电话，真好呀""我正想给你打过去，问问你上次活动玩得是否愉快""我们有一阵子没有聊过天了"，那么他们就是"好"客户。

如果电话响了，你看到手机屏幕上出现的客户姓名，你的感受是愤怒、低落、没有耐心、紧张、疲累、失望等其他不适情绪，此时脑海中还有一个声音在说，"怎么又是他们？！我们不是昨天刚通过话吗！""他们到底想干吗？！""肯定又出现了令人不悦的问题！"那么他们就是"坏"客户！

如你所见，生活就是这么简单。

然而在生活中、职场中，我们不知不觉就把它搞复杂了。

接着来是第二项测验——"金钱测验"。

经济学中有一个知名的帕累托法则（也叫作"二八定律"），我想借用其中的两条定律来研究我们的问题。

定律一：一个企业80%的收益是由20%的客户创造的（适用于所有行业内任何规模的企业或公司）。

定律二：20%的客户占据了我们80%的精力和时间（不论你是企业主、经理、销售人员还是承包商）。

有趣的是，这两种客户并不是同一群人——"好"客户，以及贡献了80%收益的那20%客户通常不会太过计较价格，对于你的服务他们心怀感激；他们会按时支付相应款项，会给你带来更多客户，还会向其他人推荐你。

而那些"坏"客户——那些消耗你的时间和精力、占总客户比重20%的客户在交易完成之前会"竭尽所能地榨取你"，他们对你提出的专业建议心生疑窦，甚至冷嘲热讽，在支付费用时也会给你制造各种麻烦。

这两类客户我们都会碰到。现在我请你思考一个有趣的问题（我希望你能诚实地回答我）：在日常生活中，你对哪类客户投入的时间和精力更多？是那些"好"客户，还是那些"坏"客户？

令人遗憾的是，你们的回答都是：我们把更多的时间、心血和精力倾注在了那些"坏"客户身上，即使明知他们会妨害我们做生意（他们还会危害我们的健康，破坏我们愉悦的心情，阻碍我们去关爱其他客户），而对那些"好"客户我们的付出却很少。

如果一个客户按时用现金付款，我们通常不会表示感谢，或是心怀感激。而如果一个客户迟迟不付款，我们则会"穷追不舍"，甚至发动整个办公室的人来追债，我们一有时间便会联系这个客户，催他尽快付款（哪怕是以开支票的方式）。

如果一个客户在收到产品和服务时报以微笑，我们时常连一句好话都不会回报给他。而如果一个客户开始吵闹、争论、抱怨（他甚至当着其他客户的面，真是令人厌烦得很），那么所有雇员的注意力会瞬间转向这位客户，我们会给予他更多的关心、帮助、解决对策（尽管这是以一种消极的方式来实现的）。

如果一个客户没有讨价还价、直接利落地付了款，我们通常不会给他"额外的东西",但如果一个客户对价格吵闹不休,我们则会不厌其烦地一遍又一遍与他沟通,我们甚至会提升我们的服务等级,提供一些额外的产品。最糟糕的是,我们可能给他打折,原因仅仅是他快"把我们逼疯了"。

总而言之,客户有好有坏。与我们的直觉相反的是,我们应该在那些"好"客户身上投资——给他们一些奖励,赞美他们,或是给他们一些额外的(尤其是当他们并没有提出这种要求时)的东西。

由此产生了另外一个问题:我们该如何对待这些"坏"客户?

我的回答是:炒了他们!没错。不要再和他们共事。即使他们想要和你继续合作,也做好了相应的准备;即使他们表示以后会按时付款;即使他们请求与你继续合作,你也必须停止和他们共事。

这看似有些不合逻辑,而且和各类经济学家以及创业中心所传授的理论(他们会告诉你"顾客是上帝"诸如此类的话)背道而驰。但事实却是:一个"坏"客户(以及那些制定了对你不利的条款、向你支付的酬金很低、付款周期却很长的公司和组织)会耗费你和你的公司很多能量、资源、时间和金钱。它会损害你的健康,让你失去其他客户。最终,你会发现自己在这些"坏"客户身上浪费了巨额资金。因此,你必须尽快"让这些坏客户离开"。

那么,该用什么样的方法来愉快地结束你们之间的合作关系,而不会激怒对方,也不至于劳民伤财呢?

有两种方法可以尽可能巧妙地"解雇"客户。这两种方法的共同点是:客户会主动"退出",而不是被我们"解雇"(我们在努力推进合作,而他们却选择了"放弃")。

第一种方法是"让情况恶化"。

假设你允许客户在一天的任何时间以及周末都可以随时打电话给你

（这无疑是极其错误的做法），那么你对他们而言就是一个可以联系到的人。毫无疑问，客户是很会钻空子的，他们很快便习惯了这么对你，而不会感激你对他们的付出。他们还时常牢骚满腹，肆意耗费你的时间。你需要做的就是通知客户你调整了安排。譬如你可以跟他们这么说："从现在开始，我只有工作日的早8点到晚上5点才有空。"既然定了新的规矩，你就必须言出必行。如果客户"试探"你、在规定外的时间给你打电话，千万不要接，而要等到了约定的办公时间再给对方回电。

这样做会有两种后果：第一，客户"同意"以后只会在正常时间打电话给你——如果这种情况只出现了一次，那么你的问题已经解决了。第二，在大多数情况下，客户只会抱怨不休，在他们看来，你必须一天24小时、一星期7天都在线，他们无法接受你这条新规定。如果你能坚持一段时间，不"背信弃义"、重蹈往日覆辙，客户最终会选择自行"离开"。

再举一例来说明什么叫"让情况恶化"。

假如你现在正和一家公司（它可能是私人企业也可能是公共部门）合作，对方承诺在你完成工作的两个月后支付报酬。

很明显，这么做会危害你的客源以及现金流。而这也是某些公司与企业和个体经营者合作时惯用的伎俩，据他们所言，"本来就该这么操作啊"或"这是我们的规定"。

那么你该如何摆脱这样一家公司？

你可以更换代理人（包括采购、市场营销和专业人士等和钱打交道的代理人），更改条款：要求他们在任务交付后立即（或一个月内）把存款打到你指定的账户上（或是以现金支付）。

你的目的达到了，他们实际上已经自行离开了。

"解雇客户"的第二个办法是提高价格。

如果你不想和某位客户合作下去，那就把合约价格抬高。抬高的幅度不是20%上下，而是提高300%～400%（是的，你没看错，把要价涨到4～5倍）！

在这种情况下，客户几乎不太可能同意与你继续合作下去（如果他们能够接受你"狮子大开口"，高昂的报酬多少能够弥补你曾在这种"坏"客户身上浪费的金钱）。

他们最有可能做的是拒绝向你支付这么高的报酬，然后自行离开（他们转身会告诉别人你的要价高得离谱，但这却恰好为你做了"口碑营销"，因为所有听到这件事的人都会觉得既然你敢开出这么"昂贵"的价钱，那么你一定非常厉害）。

总而言之，要想取得工作和生活的双丰收，必须集中精力，努力做好市场营销、服务和"市场培育"，把心血倾注于"优质"客户和那些能为你带来利润的人身上，而对那些"坏"客户以及浪费了你的时间和精力却让你亏钱的人，不要再付出任何时间和精力。

PART 6

怎样高效且有创意地宣传和营销?

为什么大部分人都未能成功玩转网络营销？

在这里我郑重声明：自己从来没进行过任何形式的网络营销活动。

不过我曾接触过许多从事网络营销的私人客户，还为全世界多家采用网络营销手段的大型公司提供过咨询服务。在此过程中，我发现了一些非常有趣的事情——大部分从事网络营销的人都未能从中获益太多。

一部分人网络营销赚的钱甚至还不能抵偿投入的启动资金，另一部分人的网络营销体验极其糟糕。

我常常扪心自问：为什么会这样？明明产品物美价廉，采用的营销手段也恰如其分，为什么大多数进行网络营销的人无法完成既定的销售目标？

在我看来，原因在于他们不知道该把东西卖给谁、如何卖！

一些参与了网络营销项目的人对网络营销的理念、前景和所经营的产品非常着迷，因此他们购买了少量货品，开始了网络销售之旅。

但是紧接着他们发现不知道该将东西卖给谁。

因为身边没有一个人曾向他们解释过营销策略、市场细分、锁定目标受众、将信息传递给特定的消费者等关键内容。

之后他们是怎么做的？他们转向同他们关系最密切的人群，包括家人、朋友、邻居、住在镇上的人（如果他们居住在大城市的话就会转向郊区或社区居民)、单位同事,等等,而原因仅仅在于这些人对他们来说最容易接触到!

即便所售产品对上述大部分"消费者"而言都毫无用处。最糟糕的是,他们根本不知道该如何销售。因为没有人教过他们软式推销、讲故事、从顾客的利益出发、多展现自身幽默、举例子等营销手段。软式营销指的是先不急于卖东西,而是通过给消费者讲故事,诱使他们(假如故事能够打动他们的话)购买你的产品或服务。这里我指的不是科幻故事,而是真实生活中的故事,它们能让你更好地表达自我,更好地展示产品或服务的魅力。

严格来说,这并不属于常规正式的销售手段,因为你在展示自己以及所售的产品和服务的时候并不够严肃,技术含量也不高。在这种情况下,客户通常会变得极富攻击性,他们会对你说的任何一句话吹毛求疵。而在软式营销场景中,你和客户之间可以展开对话,你可以徐徐向他讲述你的产品和服务究竟好在哪里。没有人不喜欢买东西,他们只是不喜欢被人强行推销或被迫买东西。因此,不妨通过故事来传递你的信息,让客户感到购买你的产品或服务完全是他们自己的决定。

许多网络营销人员由于并不清楚这种方法,只好听从自己的内心,也就是说,他们会采取硬性销售的手段——一种进攻性极强、惹人生厌又具有恐吓意味的销售手法。而他们之所以采取这种手法,并不是因为他们喜欢这样做,而是因为他们不知道还有其他什么方法。

由于不知道应该把东西卖给谁,也不知道应该怎么卖,他们在操作过程中要承受两次失败的打击。首先,他们不会做成很多笔订单(甚至一笔订单都拿不到);其次,当他们试图劝说身边最亲密的人(家人、朋友和邻居)购买自己根本不需要的东西的时候,他们无疑在摧毁这种亲密关系。

你可能会说:但是也有很多人在网络营销方面做出了成绩,赚了很多钱。

的确如此，有些人的确取得了网络营销的成功，但是在了解了这些人之后，我不得不将残酷的事实告诉你们：他们在其他领域照样会取得成功！因为他们拥有在任何领域取得成功所必备的因素——良好的人际交往能力、激励鼓舞人心的能力，以及极具劝服力的卓越口才。结论就是，任何事情（此处指的是网络营销）的成功都和所在的领域无关，而和你的生存技巧以及口才密切相关。此外，你只需向一小部分受众销售你的产品，并且必须采用软式销售手法。

竞争对手如何能够无形中增加你的销量？

在一个信仰基督教的镇上有一处中央教堂，每周日，全村的基督教徒都会在此聚集，举行祷告仪式。在教堂的入口处总会站着两名小贩，其中一个卖的是十字架，另外一个则向信徒兜售大卫之星（犹太人标记，两个正三角形叠成的六角形）。而前来祷告的信徒总会在比较了两者卖的东西之后选择前者的十字架，而后进入教堂做礼拜。

一天，一位游客实在看不下去了，于是走到卖犹太之星的那名小贩身边，对他说："听我说。我不知道你是不是注意到了，这个镇上的所有人都是基督徒。这里根本没有犹太人，一个都没有！你是不可能在这里卖掉你的犹太之星的。我觉得你还是去其他镇上卖这些东西吧。"

说完这名游客就走了。那名卖犹太之星的小贩将头转向那个卖十字架的人，满脸笑容地对他说："我的朋友、教友，亲爱的伊兹，你看到了吗？他在教我们如何做买卖！"

这个故事暗含一个非常重要的营销原则：对立营销。

意思就是说，你并不总是出于喜欢或需要才购买某种商品或服务；很多时候你之所以买某样东西是因为你把它看成了要和其他竞争对手角逐的某位选手。

莱昂纳尔·梅西和克里斯蒂亚诺·罗纳尔多的例子能够帮助你更好地理

解对立营销。

这两位足球运动员全球影响力巨大，竞争也相当白热化（这很大程度上是体育评论员和市场专家一手造就的，而不仅仅是球员本身），其带来的结果就是：印有二人标志的运动衫销量爆表，他们代言的广告也异常得多。

各行各业都存在竞争。有些时候你可能处于劣势，不过你可以利用这种竞争关系，让它朝着有利于你、能够增加你的订单量的方向发展。不要说竞争对手的坏话；最好的做法是不要向任何客户提到他们。你的焦点应该放在让自己和其他对手与众不同上面，并且要尽最大可能向客户解释你和你的产品或服务所具有的相对优势。

如何传递正确的营销信息？

几年前，美国的一家汽车修理厂执行了一桩非常暖心的营销方案。整整一年的时间内，它都会在顾客生日的前几天将一个信封放到他们的邮箱里，内附一张年度汽车保养服务的代金券。

通过赠送这张代金券，该汽车修理厂将如下信息传递给了顾客：如果他们在生日那天带着这张代金券来到修理厂，就将以50%的折扣率（这个折扣力度非常大）享受一整年的汽车保养服务。

多么机智的想法！它不但能够温暖人心，而且还能让那些忠实的顾客享受到巨大的利益。它不但能够产生一种"病毒效应"（即口碑营销，指的是消费者会将这件事情告诉自己的家人和朋友），还能激发他们行动的决心。

从理论上来说，它本来是一场非常成功的行动，但是修理厂老板却忽略了一个细节，这个细节虽小却足以致命。那就是：人们过生日那天真的会愿意来修理汽车吗？

换句话说，如果该代金券是用来在餐厅、电影院或主题公园里消费，顾客很有可能想要在自己生日那天用掉它。但是谁会在生日那天开着自己的车去接受一整天的保养？！你是认真的吗！！！我无法想到比这更有趣更滑稽的方法来庆祝自己的生日了。很显然，这家店的顾客也是这么想的：只有不足1%的人在生日当天来到了该汽车修理厂，使用这张代金券给爱车进行保养。其他一些人几天之后才来。自然，他们惊讶而失望地发现，自己不能用那张代金券了，而必须支付全款！

更好的做法是在发这张年度保养代金券的同时告诉顾客，他们可以在生日前几天或后几天来消费。这家修理厂本该将这张代金券的使用期限延长至顾客生日的一整个星期，甚至一整个月，而不是（错误地）将使用期限定在生日当天。

从中我们可以得出什么结论？你必须时刻考虑顾客的需要和利益，并据此制定适当的营销方案，传递正确的营销信息。

如何运用情感营销方法？

对于在全世界各大机场逗留过的人来说，应该对下面这一有趣的现象并不陌生。

全世界所有的机场卖的东西都相差无几！

有些物件和产品全世界的任何机场都不出售，而其他东西和商品则在所有机场都能买得到，譬如巧克力、香水、润肤露和其他高端化妆品、葡萄酒和威士忌、鲜花、玩偶、儿童玩具、书籍等。

为什么机场里卖的都是这些东西，而不是其他商品？这和商品本身无关，而与我们购买商品的原因密切相关。研究表明，人们出国归来之后，首先涌上心头的感情（当他们终于结束异国他乡之旅走进故土的机场时，这种感情会变得尤为强烈）就是内疚。

的确就是内疚之情！

假设你和你的爱人有几个可爱的孩子（他们可能才刚蹒跚学步，也可能已经进入青少年时期），在把孩子单独留在家中或是交给（外）祖父母之后，你们二人即踏上甜蜜之旅。在回国的路上，难道你们不会想要做点什么来弥补吗？不觉得对孩子有所亏欠吗？对照看孩子的父母双亲，你们难道也不会感到愧疚吗？你们一定会觉得十分内疚的。

再假设你是一名出差在外的商人，你把妻子留在了家里，或许同样留守的还有你们的宝贝孩子吧。你已经一连数日没有见到她了，你得到了这个逃离日复一日枯燥生活的机会（哪怕只是暂时的），而你的爱人却不得不继续面对每天疲累又机械化的生活。你难道不会感到愧疚吗？你一定会被深深的内疚感所侵袭。

机场的免税店就像沙漠里的泉水一般，解了你的燃眉之急——所有你想要买来补偿自己心爱之人的东西都可以在这里买到。

而和坊间流传的传说相反的是，机场免税店里卖的东西非但不便宜，甚至比机场外面的店铺卖得更贵。

那么我们为什么还要买机场免税店的东西？因为我们需要这么做。因为在这背后有着不可抗拒的原因。

当我们被愧疚之情所缠绕的时候，我们花钱的意愿会更加强烈。因此，如果你想要以更高的价格将更多的商品或服务卖给顾客，不妨想一想该如何触及他们内心深处最柔软的地方，想一想有哪些情感因素会促使他们甘愿掏腰包买你的商品。

如何有效运用同辈压力说服工具？

每年的2月14日，西方人都会庆祝圣瓦伦丁节（情人节）这个基督徒的爱之节。

这个节日原本是为了祭奠三名圣人而举行的，这三名圣人都叫瓦伦丁。根据基督教传说，在国王克劳迪亚斯二世统治期间，这三名圣人其中之一按照基督教的律法，秘密地为一对恋人主持了婚礼，并因此被宣判死刑。在他死后，人们尊奉他为爱侣的守护神，并以他的名字命名了爱之节日——在这一天，人们会通过和爱人、朋友交换爱意来庆祝该节日。

对情侣间以及日常生活中充盈的爱意，我无不心迷神往；对于任何能够表达爱意、共度美好时光的机会，我尽皆无比珍惜。

而现如今，消费者的消费观发生了巨大的改变，节日和文化传统也都被形形色色、"各怀鬼胎"的公司破坏了，这让我不安。

圣瓦伦丁节原本是为了让爱人互换充满爱意的信息（比如说诗）。但是现在是个什么光景呢？这种爱的信息已经被彻底物化了，西方国家的人深陷各种广告的围攻中；这些广告不是怂恿我们为爱人买巧克力、鲜花，就是送花哨的贺卡等礼物。

情人节前一周售价为25美元（打个比方）的鲜花在情人节当天价格会翻两至三倍，因为该花束现在的"身份"不同了——它已经成了"情人节花束"（它作为圣洁之爱的象征物，完全撑得起这个价格）。

　　当然了，肯定有人会这么想：我拒绝玩这个游戏！许多年来，我从未停止爱我的妻子（丈夫），我通过各种方式、各种机会来表达我的爱，譬如，我会时不时地给她（他）买礼物。但我就是不愿意买一些高价商品，绝不！那这些人最后又会怎么收场？

　　这就是广告业大显身手的时候了。它们会使用一种非常有效的说服工具：同辈压力。

　　情人节前的连续数天甚至数周内，不论身在何方，你都会听到这样的广告语：如果你爱某个人，就要为那个人献上礼物。

　　广告牌怂恿我们买东西。电视新闻播报员和节目主持人会互相调侃：你为女（男）朋友准备了什么情人节礼物呀？电视频道和电影院也会轮番上映爱情影片和情感类节目。

　　如果这些狂轰滥炸式的宣传还不足以打动你，那么很显然，你没有恋人或是伴侣，再或者你没有电视、智能手机或笔记本电脑。

　　当我看到人们为了不显得另类而努力向那些受到外力左右的人看齐时（坦白说，我自己有时也会这么做），会觉得十分好笑。在这个案例中，左右人们行为的外力指的是鲜花公司和巧克力制造商。每逢情人节，他们就仿佛变身为"圣洁"一词的代言人。

　　显然，人们喜欢以各种缘由来举行庆祝仪式，或许他们只是需要一个花钱买东西的理由（或借口）。毋庸置疑，同辈压力确实是非常有力的说服工具。

为你的产品或服务制造社交证据

2014年4月,当我在希腊度假时,我曾带着妻子出门共进晚餐。到达目的地后,我们为去邻近的两家餐厅中的哪一家用餐展开了争论。

其中一家场面火爆,门外排着长长的队,女主人则手法娴熟地向前来用餐的人分发排号清单;另外一家则几乎什么人都没有。彼时,我和妻子都饥肠辘辘。

我们不知该如何抉择:究竟该去哪一家呢?是去没什么顾客的那家,享受老板和店员热情的欢迎和迅速的上菜服务,还是去人爆满的那家,在门外排队等候15分钟,向上天祷告老板娘快快让我们入内(并在用餐结束后允许我们支付账单),在落座之后,又要等待很长时间才能盼来服务员前来点单和上菜呢?

我们倾向于去无人的那家餐厅。对快要饿昏过去的我们来说,去点单和上菜速度最快的地方似乎没有任何不妥。

不过,此时我们需要考虑的是一个简单却充满智慧的原则,一个我对自己的学生、观众和客户强调过无数次的营销原则:社交证据。

它的意思是说,如果我们身边许多人都倾向于此物而非彼物,我们多半也会选择前者。

当我们看到一家排了长长的队、人满为患的餐厅时,我们会暗自思忖

（下意识地）：既然里面有这么多人在用餐，外面又有这么多人在排队，这家餐厅一定是极好的，那么在店外等一会儿似乎是完全值得的。

看到另外一家冷冷清清的餐厅，我们会不假思索地断定：这家店一定不怎么样。

尽管这一逻辑颇有瑕疵（这种想法完全是无意识地产生的，我之所以点出来，是为了让读者注意到），它却每时每刻都在左右着我们签约订单、招揽顾客以及采取营销措施。

那么，我们最终是如何抉择的呢？我们排了很久的队，总算在那家生意超火的餐厅落了座。相信你们中的绝大多数人也会这么做。你是否希望消费者能够倾心于你，而不是你的竞争对手？你是否希望顾客能够多将你挂在嘴边，而不是谈论其他商家？

那么，你必须多为自己或者你经营的生意制造"社交证据"。

让人们甘愿掏腰包的最佳方法是什么？

2012年11月，我在巴塞罗那办了一次针对经商者的讲习班。在此之前，我曾和一家大型旅游公司的首席执行官（他为讲习班的推广做了不少工作）谈过话，从他口中我得知了一条惊人的数据：他告诉我，当人们预订出国的航班和酒店时，他们会因为价格吵闹不休，仿佛这是关乎生死存亡的大事一样；当看到其他网站或服务商的报价比目前的商家低10美元时，他们会马不停蹄地前往其他地方预定行程。

还是这波人。当他们到了机场的免税店时（更不用提当他们人在国外时），他们会不惜掷重金疯狂抢购，所花钱财的数量比他们原先计划的多得多。

接着他又描述了他和公司员工每天都会碰到的令人瞠目的情景：大部分打算飞往英国的人都会选择在伦敦的中心机场——希思罗机场着陆。另外还有一家提供定制航线服务的小型机场，乘坐那里的飞机你会到达英国卢顿。在卢顿落地的航班要比终点为希思罗的航班便宜100美元。

不过选择在卢顿着陆也有着重大劣势：卢顿是离伦敦非常远的一个小镇。因此，当你离开机场想要前往伦敦市中心时，你能乘坐的最便宜的当日出租车也要收费100英镑（这比100美元要多得多）。

即便提供希思罗机场落地航班的旅行社反复向人们解释这一弊端，

大多数游客还是选择去往其他旅行社去订购售价低100美元的机票。事实上，当他们到达伦敦的时候，他们的花销远远超出了省下的这100美元。即便如此，他们依然前赴后继地选择在卢顿着陆。

这是多么缺乏逻辑的行为！那么问题来了：为什么？为什么人们会选择这么不适用的方案？

答案如下。

当预订机票的时候，他们仍然没有脱离日常行程。但是，当他们到达英国后，他们就不再受日常行程的束缚，这个时候的他们开始进入度假状态。

大量研究表明，当人们脱离了日常行程的时候，所花的费用要多得多。

当人们坐在家中或办公室里给旅行社致电时，他们会安排好所有的行动，会计划好每一个细小的步骤，将每天要做的事、要花的钱都铭记于心，并时刻忙碌不已；这就是为什么他们会对多花一美元都心疼不已，这个时候他们几乎不太会买一些未在原定计划内的东西，也不太可能会超出预算。

但是，当他们脱离了日常安排之后，他们就会感到自由、轻松得多；他们变得很快活、乐观、慷慨而友善。这个时候他们开始筹划着多花些钱，不太会像当初设计日常行程时那么在意银行账户里的余额了。

请好好地思考你在什么时候会感受到我上面所描述的这些情绪？当你摆脱了日常行程的束缚时；当你在本国或海外度假时；当你参加某场讲座或会议时；当你参加晚会或讲习班时；当你置身某个娱乐场所或是乘船游览、远足时。

因此，如果你希望"掏空"顾客的腰包，就让他们摆脱日常行程吧！或者至少让他们感到自己仿佛已经不受日常行程地控制了。

把他们从办公室或家里揪出来，邀请他们来到你的办公地点或是其他什么地方。提前准备好和他们会面，向他们演示PPT，或是发表一次演讲，营造一种良好的、能够促成该笔订单的氛围——可以通过安排可口的食物、张贴恰当的标牌、准备有说服力的演说材料、安排合理的座次等方式来实现。那些脱离了常规环境的顾客更有可能接受改变，也更有可能产生更大笔的消费。

促使客户选定某个供应商的主要原因是什么？

几年前，美国的研究人员在数百家大公司中进行了一项研究，研究他们如何选择供应商为他们做各种工作并为他们提供产品，以及是什么促使他们选择与特定的供应商合作。

在该研究所选定的案例中，这些公司至少联系了同一领域的三家供应商（而在大多数情况下，公司会在五个供应商之间进行比较，有时甚至更多）。换句话说，就是供应商之间的比较涉及的层面很广。如今的市场，竞争异常激烈而且趋于"饱和"，而当前的世界也已经进入数字化时代，通过访问供应商的网站、Facebook页面和谷歌就能查到关于供应商的一切信息。因此公司在选择供应商时会进行深入而严谨的计算，他们会考虑供应商提供的价格、供应商的从业时间、别人的推荐意见、供应商在该领域拥有多少经验、同一市场中该供应商合作过的同类公司是哪些等诸多因素。

然而，公司选择供应商的第二大因素却颇令人惊讶："我们之所以选择与这家供应商合作是因为他们是第一个给我们答复的！"换句话说，当一家公司有专业需求或问题时，它会寻求快速的回复或解决方案。它会联络3至5家不同的供应商（通过网站上的"联系我们"字样确定供应商，然后给对方打电话，询问报价），而决定该选择哪家供应商时他们最主要的考量是：最先把报价告知自己并且有意愿立即展开合作的是谁。

这个原因看起来似乎很肤浅（事实上也确实如此），但其实是完全合情合理的——与供应商取得联络的产品、培训、营销、人力资源经理的诉求是（在私人层面上）对方能够"把工作做好"，能立即与自己展开合作（毕竟，寻找供应商的这个任务没有人愿意做，不论对自由职业者还是领薪水的员工而言都是如此）。

假设第一个给出回复的供应商满足相应的条件，有充分的经验，而且政治背景清白，那他就能够完成任务，把项目推进到下一个阶段。

另外，第一个给出回复的供应商的意图也是最有说服力的——在"谄媚"的阶段（在这一阶段，供应商会不惜一切代价讨得公司的欢心），第一个给出答复的供应商通常会被公司视为态度最严谨的。

如果你对第二个原因感到惊讶，那第一个原因更会令你百思不得其解——"我们之所以选择这家供应商，原因就是他们是唯一给我们答复的！"这听起来太没逻辑了。

表面上看，在竞争激烈的市场中，很多供应商都在"埋伏"着、等候客户的到来，客户有很多可供选择的提议，可以权衡到底哪家供应商开的价格是最合理的。但是，一旦只有一家供应商回复了公司，那么基本上就没有竞争了！客户很有可能按照供应商要求的价格向其支付报酬！

一家公司联络了五个不同的供应商，要求对方提供报价，但是只有一个做出了回复，如果这件事在你听来不甚合理，那么请你诚实地问问自己——又有多少次，你曾以私人的名义在某个公司的"请联系我们"的页面上留了言，或是在供应商的自动电话回复上留下信息，却最终一个回复都没有收到？又有多少次，在别人的推荐下，你很想与某个人合作，于是对其展开"追逐"，可是，你一连打了许多电话对方都没有接听，直到你快放弃了电话才终于接通？

请你扪心自问，作为供应商的你，又有多少次没能及时回复客户，或者根本不想做出回复？

假设一家公司斥巨资与谷歌或Facebook合作开展一次网站活动，目的是吸引顾客或招徕优质客户，但当客户通过网络和电话形式露面然后留言之后，他们被告知要等上一个星期的时间才能得到回复，甚至有时公司会"错过"全部的客户（原因是秘书刚好那段时间生病了，经理在海外出差，而供应商正忙于交易会等类似事宜）。

人们不给客户反馈（及时回复或是全部回复）的所有理由都是正确而合理的，但要守住这样一个底线——"不要白白浪费钱"！

否则公司将亏损两倍的钱——第一笔亏损是在网络上。如果没有人能与留下信息的客户对接，那么此次网络活动就是无效的。而另外一笔亏损则来自工作岗位的流失，此时，机会将落入竞争对手手里。

那你的底线是什么呢？

别再抱有"市场已经饱和了""竞争太激烈了""谁出价最低谁就能得到这份工作"等想法。你要明白，任何已成定局的决策（即便是大公司所做的）都是相当"接地气的"，是在各种细微因素的基础上做出的考量，包括你的私人关系、你的可用性、你是否渴望与更多客户合作、是否与公司各部门维持着良好的人际关系等，只有妥善处理好这些，才不至于让公司的信息和客户人脉"土崩瓦解"。

在这一章中，我将详细剖析种类繁多但操作简便的营销和销售方法，这些方法会让你的转化率实现"最大化"，增加你公司的销售和利润，并让你的客户坚定地选择你。我将以现实生活中的案例为原型，分析公司和企业在处理客户关系方面的常见误区和有效策略，提出正确的解决方案，并指出这些解决方案的底层逻辑。我也会详述如何与客户进行电话销售——如何提高成功的概率，并让你从竞争对手和同行中脱颖而出。

你最在乎谁的利益，你自己的还是客户的？

在市场推广、销售、顾客体验、内容营销和员工激励方面，华特·迪士尼公司可谓一个表率，而其最令人惊艳的则在于所提供的服务。

1955年，迪士尼游乐场崭露头角，在接下来的半个世纪内，尽管这一行业在别人眼里危险系数很高、难度很大，而它却延续了成功的神话，业务越做越大、越做越强。

华特·迪士尼是迪士尼乐园的创建者和策划者，于1966年溘然长逝，在此之前他一直担任着整个乐园的全能型老板。在众多关于他的故事里，较少为人所知的是围绕着他和迪士尼的象征之一、位于洛杉矶神话公园的著名的魔法塔。有一天，华特·迪士尼正在公园里游玩，这时，一位园艺师走上前，说自己发现了一个问题。"发生什么事了？"华特·迪士尼问道。园艺师解释说，他们在公园中央造了一座巨大的、漂亮的花坛，可是他觉得游客们会纷纷踩踏上去，以便在塔前找到一个好的角度拍照。

园艺师问迪士尼是否要在花坛周围建一圈栅栏，以防游客踩到花或是在花坛上拍照。

迪士尼的回答却是："千万别这么做！如果我们的客户（亦即游客）想在这里拍照，我们为什么要阻止呢！"

园艺师深感惊讶，然而迪士尼却提出了进一步的想法：他希望园艺师在花坛中间开凿一条小路（也就意味着把一些刚栽好的花铲掉），此外还要在塔的对面造一处观景台，方便游客和塔合影。

我是私下里从一位研究华特·迪士尼的美国学者那里听到这个故事的，它让我发现了华特·迪士尼与众不同的（意义非凡的）思考方式。

园艺师考虑的是迪士尼公园的利益（从他的角度出发，他这么想是情有可原的）。他不想离开自己的舒适圈，不希望重复作业，更不想看到那些美丽的鲜花被毁掉。

而华特·迪士尼在意的却是游客的利益。在他看来，如果很多游客都想要在某个特定的地点拍照，甚至不在乎踩在花坛上，那这其实是游客们在向迪士尼公司传递着一种信号，他们的心声应当被聆听！

因此，迪士尼没有把钱用在修建栅栏以保护花坛上，而是造了一条小路和一个观景台，以维护游客的利益。

从历史的角度来看，这个决定是非常明智的，既优化了服务，也提高了销售业绩。以魔法塔为背景拍摄的照片已经成为公园的标志，虽然当时尚未迎来社交网络时代，但游客们通过各种渠道分享这些照片，纷纷化身成为公园的热情"大使"。迪士尼公司由此创下了辉煌的销售业绩！

这件事告诉我们这样一个道理——如果你想在业务和销售方面取得成功，你需要聆听顾客的心声，看看激励他们的是什么、打动他们的是什么、困扰他们的又是什么。

而你需要做的则是解决问题，制订相应的销售计划。这意味着你需要付出更多的努力，具备更创新的思维，同时还要走出自己的舒适圈。

为什么太多的选择反而会让我们迷茫？

假设有一天你来到一个很大的停车场，空间很大，车位也都已经标好（用白线标示）。

你可能面临两种情况。第一种情况：停车场几乎是空的，只停了三四台车。第二种情况：停车站几乎已经车满为患，只剩下三四个空余车位。

在哪种情况下你能最快停好车？

从表面上来看，答案一定是第一种情况。因为如果停车场几乎是空的，那就意味着你可以在任何地方停车，很有可能就停在你现在所在的地方。然而正确答案却是第二种情况。原因在于：如果一个停车场几乎已经停满了车，没有多少空余车位，就意味着我们没有可选择的余地，也没有时间思考应该把车停在哪里。但是，如果我们可以把车停在任何地方，我们就会开始认真思考。"停在什么地方开出去才最方便？""哪个车位离我要去的地方最近？"诸如此类的问题。

太多的选择反而会让我们困惑。这意味着我们可以从中选择自己最喜欢最想要的，我们会因此深思熟虑，迟迟难以下决定。

在第三章中，通过给出一些案例，阐释案例背后的含义，我向大家细致讲述过营销和说服中最有效且最重要的"遵守路标"这一原则。且让我再举一例加以说明。

通过对消费者在超市购物习惯的研究，我发现了一个惊人的现象：相似或者相同产品的数量越多、可选性越大，人们买的就越少。

假如你要买果酱，第一种情况是果酱架上有两种口味的果酱，假定是樱桃和草莓吧。第二种情况则是架子上有20种口味的果酱可供选择。

哪种情况下人们买的东西会更多？

从表面上看，答案应该是情况二。因为果酱的味道越多，顾客找到自己喜欢的口味然后买下来的概率越大。但是正确的答案（这似乎很令人惊讶）却是第一种情况。

当我买果酱时，如果架子上只有两种口味可供选择，那么做决定就变得非常简单。"我更喜欢哪种味道（或者我的家人们更喜欢哪种味道），是樱桃还是草莓？"我在心里暗自思忖，然后从两种口味里做出选择。但是如果我面对的是20种口味的果酱，我就会变得非常迷茫。"我到底喜欢哪种口味？""换个红枣味的尝一尝？我蛮喜欢红枣的，我还从来没吃过红枣味的果酱。""我的老婆和孩子更喜欢哪个味道？打个电话问问他们吧。"然而电话却没能接通。

顾客会深思熟虑，千回百转，犹豫不决，寻求外援，如此一来，他们自然会买得少了！

"遵守路标"是什么意思呢？

这意味着，如果你想说服对方买你的产品或服务，你就要在销售会议上把握与客户对话的主导权，不能被客户牵着鼻子走；你要给客户固定的报价，而不是告诉对方有多种选择和价格；在演讲或汇报演示中，你要以一种清晰的方式"包装"你的知识，而不是漫无边际地讲话，希望客户或听众自行理解你的意思；而在提建议时，你则要以行业专家的身份做出推荐。

在打销售电话前应当采取哪些关键性的行动？

经常有客户来找我，让我帮他们组织电话销售的语言，或者为他们的服务撰写一个网页销售页面。在这个过程中，我注意到一个有趣的现象：大多数向我求助的人（既有来自中小企业的，也有来自大企业的人）对于自己的产品和受众情况都是一知半解。

他们渴望得到"即时的、快速的"成果，然而却并不清楚在写营销文案和传递信息时基本而必要的信息是什么，比如谁是他们的目标受众（他们也许会说受众是高新技术企业、是创业公司或是小企业，然而这些并不充分）；比如他们可以提供哪些确切的产品或服务（向客户提供一系列的可能性并不是一个很好的选择，前面我们分析过"太多的选择反而让人困惑"）；再比如他们的产品或服务能够解决哪些问题（类似"它有益健康"或是"它能帮你脱离困境"都不是正确的回答）。

我跟他们一起坐下，鼓励他们"打开话匣子"，以获取帮他们撰写文案和组织销售语言所需的关键信息。然而，我发现这些人大部分时间都没有耐心，这实在是蛮有趣的。他们根本不理解为什么我会问各种各样的问题，为什么我要和他们聊这么久、聊这么"具有战略意义的"话题。要知道，他们时间不多，需要尽快行动起来。

我给他们的解释则是：没有战略就没有纪律。

如果你不了解网络活动针对的是谁，或者你要为客户解决什么问题，那么你就是在谷歌广告、Facebook活动、销售中心上白白浪费金钱，因为这些广告没有重心，会让你的转化率变得很低。

在一场足球比赛中，22名球员会为了争夺一个球奔走呼号整整90分钟。也就是说，每一个球员，即使是最好的、每一次传球都会成功的球员，在实际比赛中每一场也都只有几分钟的触球时间——平均为两到三分钟。

换句话说，在整场比赛的90分钟内，一名球员（即便是身价数百万、赛前整整一周都在辛苦训练的球员）总共只能触球2分钟。没错，这就是事实。

那么，如何判断一个球员踢得好不好呢？取决于其触球的2分钟，还是剩余的88分钟呢？正确的答案是：剩余的那88分钟。

因为一个好的运动员需要知道如何管理好剩余的这88分钟，从而让自己在（总计）2分钟的触球时间内有效发挥——他需要知道如何在比赛中"保存力量"、什么时候该发起冲锋、何时又该"冲刺"，需要知道自己在场上什么位置才能最容易抢到球，还需要读懂队员的移动方向，以及在每种情况下自己该如何行动。这些都和天分没有直接关系，而是需要后天的努力、坚持、对比赛的充分理解、良好的战略规划以及和队员的合作。因此，优秀的足球教练是通过队员在场外的表现来对他做出判断的。

同样，那种没有重点、对顾客经历的交易过程缺乏战略性理解，未组织好销售话术，缺乏正确信息引导，没有确定的目标受众，也没有与销售链中的其他团队协调好就信誓旦旦地说"我们可以开始销售啦"的做法是极其错误的。

如何判断顾客是否对你提供的东西感兴趣？

在市场营销和销售领域有这样一个经典假说——"电梯间演讲"。它指的是在30秒至60秒的时间内，向不认识你的人介绍你自己、你的经营情况以及提供的产品或服务。

地点可能是在会议上，也可能是在谈话、演讲或谈判中。

"电梯间演讲"的隐喻是：你和一位你很想留下好印象的人同时走进一部电梯，你必须在短短的半分钟至一分钟内（取决于电梯升到顶层所需的时间，这也是这个假说名字的由来）向他介绍你自己。

"电梯间演讲"的目的是什么？它想要取得什么样的成效？

大多数人错误地认为，这样做的目的是将你自己的一切都和盘托出。换句话说，给对方"超负荷"信息（在谈话中充分利用"他们逃不掉"这一现实，就比如在电梯里，他们根本无处可逃），并竭力在30秒到1分钟的时间"补充"尽可能多的细节。

这毫无疑问是错误的做法（假设你希望将和对方的对话与合作继续下去，你肯定不愿见到电梯门一打开他们就尖叫着跑开的场景，也不希望他们一走开就把你的名片扔到看到的第一个垃圾箱内）。

然而"电梯间演讲"真正的目的是：

引起对方的兴趣。让他们在30秒结束后仍然想要和你聊下去（或是约定好后续再会面）。

该如何判断对方是不是真的对你感兴趣？

让他们问你一个问题。

这听起来很容易，但实际上，人人都喜欢说话，而不喜欢聆听（特别是在时间有限的情况下）。所以当我们"滔滔不绝"地传递大量信息时，是无法倾听对方的需求的。

而如果只有我们在讲话，对方基本上一言不发——这也是不妙的！（你会吃惊地发现，有很多人认为这是一个好的现象）。当我们说完开头几句话（大约用20到30秒的时间），有必要等着对方提出一个问题（这就等于他们同意我们继续说下去）。

人们通常不会直言对你不感兴趣。他们会礼貌地听你讲，然后跟你说："给我发邮件吧。"然而，这其实是在委婉地告诉你："请允许我礼貌地拒绝你。给我发邮件？我才不会回呢。"

另一种回答则可能是："有时间的话，一起吃午饭吧。"

什么情况表明对方是对你有兴趣的？

他们问你问题。

他们向你打听你未曾提及的、更详细的信息（这在实际操作中是"很有帮助的"，能让你明白对方对你说的哪些话感兴趣）。

这样做的目的是让对方参与到与你的谈话中，激起他们的兴趣，让他们继续和你交谈下去。

这能让谈话时间变长，让对方感到更愉快，也能提高你取得未来收益、实现谈话目的的可能性。

你是否花费太多时间跟客户聊天？

在我们为公司和组织（包括参加我们辅导计划的中小型企业）所提供的咨询服务中，有一项内容是听客户的电话销售录音。

客户把电话录音发给我们，我们听完之后给他们反馈并提出改进意见，过后再打电话给发送录音的人。

在这个过程中，我发现一件非常恼人的事情——他们发来的录音太长了！

在和顾客打销售电话时，人们总是说个"没完没了"。这里的"时间太长"指的是对话时长为20分钟、25分钟甚至30分钟，更过分的甚至能达到40~45分钟。

有些人读到这里不免会想：和新客户打半个小时的电话并不算长，自己或许也会和顾客聊这么久（甚至更久）。如果你这么想，问题就严重了！

你和顾客聊的时间越长，卖出东西的概率越低！

这有悖很多人的直觉和逻辑，在他们看来情况恰好相反：与顾客交谈的时间越长，顾客就越有可能从自己这儿买东西。

因此，在实际操作中，过长的销售电话（在我看来，超过10分钟的销售电话就已经很长了，超过20分钟则更是久得过分）会带来许多弊端，会大大降低转化率。

首先，谈话的时间越长，犯错误的概率就越大。

你可能会"胡言乱语",提到某个会吓到客户的细节或技术问题,发表不对客户胃口的个人观点,或是暴露某些让客户"反悔"、拒绝再做这笔买卖的事实。

我们都是人,我们都会犯错误。在和自己不太熟、对自己缺乏了解的新客户长时间谈话时,由于其目前仍处于"观望"状态,仍在考虑是该买你的还是其他供应商的产品或服务(或者是否要全部买下你提供的产品或服务),你说的每句话、援引的每个例子和数据都可能是至关重要的。

谈话时间越长,出错的可能性越大。

其次,谈话时间越长,客户越会把你当成他们的朋友。

对于和客户维持长期关系,我是持支持态度的,与我有过合作的以及正在合作的每个人(几乎是每个人)和我的相处都很愉快,但是,如果想和客户保持合作关系,你有必要保持适当的"距离"。

为什么?客户如果认为你是他们的朋友,就会期待你能给他们打折扣,能从你那里免费得到咨询。如果你给了他们这些特殊优待,你们之间的交易就会变得没有价值。

毕竟,我们不会为朋友的一切买单,不是吗?和朋友相处,我们更多的是在交换"价值",互帮互助,对吗?

在与客户的交谈中花费太多的时间,"会让彼此熟悉起来",有时还会聊到一些私人话题(会谈到一些与销售无关的事情)。此时,顾客就会对你产生错误的印象(更糟糕的是,他们可能会认为你闲得没事做,也没有其他客户要接待!如此一来,完成交易的概率肯定会降低)。

谈话时间越长,客户就越会把你当成他们的朋友,而他们从你那里买东西的概率就会越低。

另外,过长的谈话会让你精疲力尽!

假设你和客户聊了40分钟,谈话结束时他们对你说"还需要考虑一下"。这无疑令人很沮丧，因为你在他身上花了40分钟时间（而你原本可以把时间倾注在别的客户身上或是用来处理别的事务）。你原本以为谈话结束时就可以做成这笔买卖，但是你吃惊地发现，根本什么都没有谈成。

你现在什么感觉呢？你感到很累，很低落，只想回家好好睡上一觉。这样一来，你就要打更多的电话，应对更多客户！还必须硬着头皮面对这一天接下来的事情！

可是你已经很累了，精疲力尽，浑身乏力。那么你再打电话时状态会如何？你没力气了，也没什么动力。

换句话说，这位恼人的客户不但浪费了你40分钟的时间，而且耗费了你许多能量、分散了你的注意力，同时还"搞砸了"你这一天剩下的时光。

要想成为一名成功的企业家、销售或经理，你需要打很多电话、完成很多任务。

如果每个电话都要打上20分钟、30分钟或40分钟，那么一天内能打的电话就变得很少，谈成的买卖会少得可怜，收入也会变得很低。

谈话时间越长，能打的销售电话就会越少，而那些只会消耗你、让你有转行冲动的客户就会越多。

如何回复客户"我需要再考虑考虑"这句话？

在拨打销售电话时，令人最为恼火的一句话就是"我需要再考虑考虑"。

假设你通过手机、电脑的视频功能或是面对面和客户进行销售会谈。你对他们进行了充分的"鼓励"，理解了他们的需求和问题，展示了能够满足他们需求的产品或服务，并对他们的困难和问题提出了解决对策，向他们耐心地解释使用该产品或服务能得到什么收益。在谈话结束的时候，你提出了报价，但是没有给出折扣！在第一章中，我曾经解释过为什么不要给客户折扣。

表面上来看，你的表现可圈可点。然而他们却说出了那句所有人听了都会感到懊恼的话——"我要再考虑考虑"。在你看来，这其实就等于在说"我现在还不想买"。类似的表述还有"我要跟我老婆商量一下""我搬过来还要几个月，到时我们再谈"，以及"假期结束再说"。

客户看起来并没有那么抗拒——他们似乎已经明白了自己能获得哪些利益，了解到他们需要掌握的一切信息，然而，在对话、会谈、通信结束的时候，他们却无法做出决定。

这的确不是真正的对抗。

客户当然不会把自己锁在一间小屋子里，花上三天时间来思考你的提议。这样说只不过是在委婉地拒绝你，他们所采用的是人类惯用的推辞手段——拖延。听起来很令人沮丧，不是吗？你明明做得很好了（至少你自己是这么想的），客户却仍然想"甩掉你"！

以下是我的推荐办法，这一点我得事先声明：世上根本不存在什么神奇配方或是有魔力的话语，能让顾客瞬间改变主意。

在销售过程中，我们会竭尽所能提高"转化率"，而下面这样的表述可以提高顾客改变主意的可能性。他们会在谈话进行时或是谈话结束后不久改变心意。

这句话就是（当客户说了"我要再考虑考虑之后"）："没问题，不过考虑到……"

剩下的话你可以这样说（取决于之前对话的内容）："考虑到如果下个月就要进行活动，您将需要至少两周的时间来准备，所以您需要迅速做出决定"，或者说"考虑到我的日程马上要填满了，如果您想下周会面，我需要您明天给出答复"，或是"考虑到市场价格一直在上升，你询问的产品现在非常火热、需求度很高，所以我不确定会不会有剩余"或是"政府将出台一项法案，会令交易原则发生改变，而我们之前讨论过的条款将不再适用"。

通过说"考虑到……"，我们能取得什么效果呢？

首先，谈话是由我们结束的，我们给客户留下了思考的空间。与之相反的结束方式（这种情况占了绝大多数）则是顾客说"我需要考虑一下"，而我们则用一种失败者的语气低声说道"好吧"，然后对话就结束了——在这种情况下，对话节奏是由顾客决定的，结束语也是由他们说的。如果我们说"考虑到……"，那么对话就是由我们结束的，同时，我们也将重要的信息"再次进行了强调"。

其次，在说"考虑到……"的时候，我们其实用到了一种重要的营销策略，专门用来对付那些喜欢"推迟事情"的人——这便是"稀缺效应"！

当客户说"我需要再考虑考虑"时，内心在做出的假设是"我有很多时间来考虑，不需要着急"，在他们看来，你设定的条款始终不变，而你也随时待命。而如果你说"考虑到"，等于在告诉客户"他们做出的假设并不成立"！

或许他们在两个星期内可以随时联络到你，或许价格在两个月内都不会变，或许他们并不会因为自己的犹豫不决有任何损失。但是随着时间的推移，一切或许就不一样了！

或许价格会发生变化，又或许晚一些时间支付的话金额会变高。

当你说出"考虑到"这三个字时，你其实是对顾客的假设提出了疑问，而这种疑问可以让顾客在短时间内改变主意。

不妨养成这样的习惯——如果顾客在谈话结束时还没有买任何东西，那么你要取得最后的发言权，就以"考虑到……"这句话来结束对话。

PART 7

如何让人们全身心投入于营销文字中?

如何对你的客户进行细分,做到精准营销?

这是一个真实而又匪夷所思的故事:2013年6月,明尼苏达州的一位男子在信箱里发现了寄给自己女儿的婴幼儿用品代金券。这让他怒火中烧,因为他的女儿只有15岁,还在上高中。他跑到寄代金券给他的当地连锁超市分店,向经理大发脾气,质问他们怎么干出这么荒唐的事。然而几天之后,他却震惊地发现,他还在念高中的女儿真的怀孕了!

当地这家超市是如何知道这名15岁的女高中生怀孕的事呢?!而包括她父母在内的所有人都不知道!

这家美国连锁超市向客户发放了积分卡和信用卡,而后使用这些卡来收集关于消费者购物习惯的大量信息,并且为每位消费者都创建了身份卡。接着它会分析这些消费习惯,目的就是强化消费者的这些习惯,并且鼓动他们形成新的习惯;换句话说,他们的所作所为就是为了让消费者买更多的东西。

这一整套听起来不可思议的程序几乎都是在计算机程序的基础上自动完成的!在上述案例中,超市连锁店发现这个女孩买的东西都是女人在怀孕初期会经常入手的东西(营养品、无嗅保湿霜等)。比起一般的消费者,即将为人父母的年轻人和年轻人的父母会舍得为新生儿掷重金,鉴于此,这家连锁店便抢在其他连锁店之前将适合孕妇使用的代金券寄了出去。

换句话说，这家连锁店之所以比女孩的父母更早知道她怀孕的事，是因为它对女孩的购物习惯了如指掌。

"老大哥"并不只是在电视上盯着你；他每时每刻都在窥探着我们的消费生活。我要告诉你另一个秘密：为什么全世界所有的大型零售连锁店和公司（超市、食品和服装店、航空公司、旅行社，等等）都会向消费者发放积分卡、会员卡和信用卡？

大多数人会不假思索（甚至包括那些仔细地研究过这一问题的人）地答道，这么做是为了让你不自觉地就在超市或商店消费更多（由于信用卡多了一张，你的信用额度也会上涨）。这么说一点不假，但其背后真正的原因（这一点我已经向你们暗示过）却是了解你的购物习惯，这样一来，商家就可以通过额外的信用卡发行方向你推销更多合适的商品。

大多数人都有过这样的经历：每逢节假日，超市总会塞给你花哨的小册子，上面列出了节日里你可能会需要的各色商品。

然而有一点你可能不知道：有些时候，每位顾客从同一家超市领到的手册都是不一样的？！

举例来说，假如超市发现你经常买玉米片却几乎不买牛奶（可能你从杂货店里买牛奶，而不是从超市那里），发给你的手册里很可能会夹着几张牛奶代金券！如此一来，你就很可能会入手曾经不怎么消费的东西。这无疑是智慧和精准营销的绝佳例子！

那么从这个故事里你可以汲取什么养分？不要把你所有的产品和服务都提供给所有顾客。基于顾客的购买和消费习惯对他们进行分类（这一点要尽可能精确），向每一位消费者提供最符合他（她）的兴趣和偏好的产品或服务。

如此一来，商品转化率就可以大幅跃升，收入也会显著增加！

这一方法也常常被商家应用在我们身上：超市连锁店、服装零售店、航空公司和旅行社等商家总有各种巧妙的方法让你感觉受到了特殊对待，他们会让你觉得他们所做的一切都是为了让你的购物体验更完美，同时他们还在帮你省钱。

你也不妨尝试下这一方法，对消费者进行细分，并让他们感觉自己受到了重视。这样一来，你不但会收获他们的感激，还会赢得不菲的收益。

什么样的营销文案最能吸引听众和读者？

每隔几年，就会有学者研究什么样的词汇对我们的影响最大。

研究什么样的词汇让我们能够更专注地聆听、买更多东西、更愿意抛头露面、更频繁地投票，以及更公开地表达自己的意愿。

2014年，关注指数列表上位列第一的词是：秘密。

我有一个秘密要告诉你——这个秘密可能才被揭发，也可能会帮助你成功、赚更多的钱、和恋人相处更甜蜜等。

为什么人类如此喜欢探听他人的秘密？

因为在当今时代，我们这个年龄段的人（研究和调查的结果显示）都有这样一种感觉：世界上有很多需要我们了解的东西尚未被我们发觉。

对于某些领域，我们颇有把握、自信满满，甚至可以说达到了"专家级别"——我们仿佛通晓这些领域所有的秘诀。但是对于其他一些领域我们则感觉所知甚少，感觉不得不"侧耳窃听"。

例如，在恋爱关系中，我们可能会问："我们的感情总体来说还不错，不过我们时不时地就会碰到这样的恋人。他们在一起已经20年了，却依旧每天双手紧握，对彼此的爱意分毫未随时间的流逝而消减。他们究竟用了什么秘密武器？！"

在自我管理方面，我们也有很多困惑："总体上来说，我还算是个擅长时间管理的人，我做事情很专注而且效率很高，但是坐在我旁边的那位女士比我用时更少，却完成了比我多得多的任务。她究竟是如何做到的？其中的秘诀是什么？！"

在经商和理财方面，我们也会感慨："我赚的钱还算多，甚至可以说是相当多了，但是总有人比我赚得还多。他看起来总是那么快乐，做起生意来似乎也总是那么得心应手。他究竟是如何不费吹灰之力取得这么令人歆羡的成绩的？他的秘诀是什么？！"

当今这个时代，没有人会觉得：我的生活已经很完美了，没有任何方面需要提高和改进。

在这个竞争激烈、以营销为导向的数字化时代，如果有人觉得自己是完美的，那么他将面临洪水猛兽般的信息、文章和广告的入侵，指出他还有哪些事没有做过，哪些地方没有去过，以及哪些事还没有成功。

我们总是想要"更多"（这个词在关注指数列表上位列第二，仅次于"秘密"）。然而，为了得到"更多的东西"，我们需要知道其中的"秘密"。

你想让人们多倾听你吗？想让他们多买你的东西吗？那么不妨把你的专业秘籍暴露给他们。

此处我故意用了"暴露"这个词，而不是"传授"。因为这个词（它也出现在了关注指数列表上）和"秘密"一词直接相关，而"传授"一词则和"学校"密不可分（我们中有谁想要重返学校、坐在教室里听课呢）？！

将他们所不知道的专业领域的东西讲给他们听，重点强调使用你的产品或服务会给他们带来哪些好处，向他们解释通过和你合作他们能有如下更多的收获：提高生活质量，增加收入，最大限度地发挥自己和雇员的长处，等等。

如何做到真心地关爱你周围的人？

很多人认为，美国总统贝拉克·奥巴马之所以崇拜者众多，原因在于他是一名杰出的演说家。然而事实上，奥巴马在位期间之所以赢得一致好评（这也是为什么他两次被选为美国总统），是因为他对"邮件列表"和"口碑营销"有着炉火纯青的运用。

在全世界有着数百万追随者的美国总统贝拉克·奥巴马十分重视网络社区内支持他的民众。或者更确切地说，只是看起来予以了关怀（研究表明，这两者在消费者眼中没有什么区别）。

我是如何知道这点的？

因为从2010年至2014年，我的名字也被列在了奥巴马的邮件列表上（这并不是因为我支持他，而是因为我想要深入了解他）。从他在网上的种种行为中，我获得了许多灵感。

这里有一封我2012年收到的邮件（时间差不多在总统选举期间，彼时的奥巴马正在为连任做准备）。

奥巴马这样写道：

嗨，伙计们，近来如何？我这些天真的累坏了。我去了很多地方，见了很多人。

换句话说，这读起来多么像一个普通人在向我们讲述他最近的经历，就好比他正坐在我们的卧室里，向我们嘟囔、抱怨最近日子过得比较苦一样。对此人们很受用，他们尤为喜欢探听自己不知道的事。

下周我要去会见弗吉尼亚的朋友了。

这是一起著名的筹款事件，每个参与者都花费了1000美元，但是奥巴马只字未提这笔钱。相反，他只是把它描述成一次悠闲的会面。值得一提的是，在他的数百万读者和追随者中，只有寥寥几万人居住在弗吉尼亚。因此，这件事仅仅与这几万人相关，但是奥巴马却特意让邮件列表里的所有人都知道了这件事。

米歇尔和我热切期待与您会面。

他在和数百万民众谈论这件事。事实上这些民众无一能够和奥巴马攀谈，甚至连接近他的机会都没有。但是，他的话读起来好像每个客人都有机会单独和他聊上半小时那样。

那应该很有趣！

这封邮件的结尾，给我的印象最深刻。你明白了吗？这位高高在上的美国总统、自由人民的领导者，对选民们说话的方式异常亲密，仿佛在说：来吧，那一定很有趣！

对此我还可以进一步分析下去，但是现在我要先问你们一个问题：如果在任总统奥巴马都可以对他的支持者表现得如此亲密，为什么你们不能对周围的人表示关心（抑或只是表面上的）？你完全可以做到。

当你讲故事时，细节是最重要的

你看爱情电影（特别是好莱坞经典影片）的开篇时，就已经知道了结局，对吗？

让我们以电影《当哈利碰上莎莉》（最经典的爱情喜剧之一）为例。一个男人和一个女人在各自人生的不同阶段相识，其中一方对另一方产生了化学反应和生理冲动。不过彼时他有女朋友，再过一段时间她又有了男朋友，他们两人看起来并没有发展成情侣的可能性。

不过作为观众的我们在电影结束之前就可以清晰地感受到：时机迟早会成熟，他们二人早晚会在一起幸福地生活，难道不是吗？完全没错。看电影的同时，我们就已经猜到了故事最终的走向。

再以星际题材和动作电影为例：比如《洛基》《第一滴血》《敢死队》《星球大战》等。在电影结束之前，我们其实就清楚地知道：正义终将战胜邪恶，兰博会带着所有战俘从越南丛林回归，而卢克·天行者则终将打败黑武士。难道不是这样吗？

是的，完全是这样的。

那我们为什么仍然坚持看完整部影片？

答案在于观影的过程。故事的结局固然令人着迷，但是看着电影一幕幕走向终局的过程也同样有趣。心细如发的编剧、妙笔生花的作家和口若悬河的演说者都更着眼于讲故事的方式，其重要性不亚于故事结局之于听众、读者、网民的重要性。

当你讲故事的时候（不论是在工作会议上、企业宣讲上，还是在和朋友对话时），细节是最重要的，是细节让整个故事有血有肉。诚然，有些时候，由于某种原因，人们会直接跳过细节，而径直关注故事的结尾。

这样做无疑会少了很多乐趣，故事听起来会索然无趣得多，最主要的是，其说服力会大打折扣！

几年前，我和两位寄宿学校的校长召开了一次咨询会议。他们刚踏进我的办公室，其中一位就对我说："不要问我昨晚发生了什么。一个男学生半夜醉醺醺地回到寝室，制造了许多噪声，把所有人都吵醒了，我们花了好大功夫才让他安分下来。"

会议期间，另一位校长复述了这一故事，但是讲故事的方式却大大不同：

昨天夜里，半夜2点钟的时候，我们突然听到了高年级的寝室传来尖叫声。我们快速跑上楼，看到一个男孩刚刚从镇上回来。他喝得酩酊大醉，把同寝室其他人都吵醒了（每个寝室住四个人）。他一边咒骂，一边到处扔东西。他看起来根本不知道自己在哪儿。我们试着让他安定下来，但是太难了。最终，我们把他拖到了外面，一路上，他不住地在走廊上大喊大叫，满嘴污言秽语，他把整个楼层的学生都吵醒了。所有寝室的门都打开了，灯光照亮了整个走廊。所有人都从房间里探出头来，好奇外面究竟发生了什么。我们把他带到花园里，这时他开始呕吐，整个草坪都被他弄脏了。然后他开始浑身颤抖，我们不得不拿来一条毯子给他盖上。半小时后，我们把这名"醉汉"带回其寝室、放在床上，然后坐在旁边看着他，直到他最终入睡。

同样的故事却以两种完全不同的方式叙述出来。现在请问问你自己：

哪个故事讲得更清晰、更容易理解？

哪个故事更能调动你的情绪，让你对其中涉及的人物有更深刻的认识？

哪个故事更能激发你采取相应的行动（比如说向这所寄宿学校捐款）？

哪个故事更动听？

答案很显然，是第二个故事。为什么呢？原因就在于它的叙述方式。

在于第二个讲故事的人将种种细节讲述得惟妙惟肖。

在第二个人讲故事的时候，即便我们可能从来没有经营过寄宿学校，我们也完全可以想象得出当时的情景——那个喝醉了酒的男孩子是怎样深更半夜被从宿舍走廊里拖到外面，又是怎样被带到外面的花园里去的。

善于说服别人的人一定擅长讲故事，他知道如何将事情讲述得有趣而又别出心裁。

因此，当你给别人讲故事或是向他们陈述想法的时候，不要绕过细节部分，不要总想着节省时间。不要吝惜向他们传递信息，将重点放在小的细节上面，这样一来，对方就能更好地理解你的想法。

向你的顾客提供社会证明以此说服顾客

2009年，我的长子诺米还只有几个月大，妻子和我决定给他请一位保姆。我们与几位求职者进行了面谈（通过小区里其他母亲的推介以及聘请的职业介绍机构，我们在网上锁定了这几位求职者）。

由于诺米是家中第一个孩子，我和妻子皆感到异常紧张，同时，对于保姆应该具备的素质，我们也全然不知。因此，对每一位前来面试的保姆，我们都进行了一番审慎的考量；除了应聘者身上具备的优点，我们还小心翼翼地记录下她们身上不尽如人意的地方。其间，我们也遇到了几位有看护孩子经验的人，并同她们展开了交谈。她们中一些人给我们留下了深刻印象，其他人则全然没有打动我们。我和妻子始终无法做出选择。

正在这个时候，阿维塔尔出现了。

我们之所以选择她，不只是因为她将自己的个人信息和经历娓娓道来，还因为她看起来是那么真诚、专业而诚恳。她向我们证明了自己就是最佳候选人！

其他应聘者来的时候身上都没带任何材料，而阿维塔尔则不同。她随身带来了一个整齐的、叠放有各种文档的文件夹。

文件夹里既有过去15年里她曾服务过的家庭所写的言辞恳切、内容翔实的推荐信，还有她参加过的所有育儿方面的课程和专业培训官方证明

（包括婴儿心肺复苏课程的结业证书），这深深地打动了我们。

也有几位保姆提及自己曾参加过类似的课程，但是只有阿维塔尔向我们出示了证明。

如果前来面试的人能够多谈谈自己的情况，讲讲做保姆期间曾让多少家庭感到由衷的满意，我们会很乐于倾听（此时你对自己的评价构成了一种主观评价，因为你在对自己的资历进行总结）。如果你能够出具推荐信、向我们展示你十分胜任这项工作（此时你提供的是一种客观评价），那么你会显得专业得多，赢得这份工作的概率也会大大增加。你尽可以告诉我们你参加过这样那样的课程，但是，如果你能够向我们出示印有证书颁发机构授予的官方证明，合约达成的概率会显著提升。

你想要劝服并感染你的顾客吗？向他们提供你取得的社会证明吧。它可以是推荐信、证明书、客户清单、顾客以及产品的合照、证书、学历证明，以及所获的奖励，和名人以及业内专家的合影，等等。

阿维塔尔带来的社会证明最终让我们敲定了由她担任我们最珍贵的财富——大儿子诺米的保姆。如果你这样做，相信你的客户也一定会选择你。

最能鼓动消费者掏钱购买的是哪个宣传词？

假设我想劝说某个人参加某次活动，例如商务会议、结婚典礼、政治集会、音乐会等，我该怎么做呢？

诚然，我可以（也应该）告诉他参加这次活动有什么意义，他会从中得到什么收获，这场活动将多么精彩，等等。但是比起这些，另一个做法会更加有效。

我只需用一句话，一句仅由四个字组成的话就能让问题得以解决——听了这四个字，他势必会出席这次活动。

这四个字是：我也会在（如果你曾参加过类似的活动，你可以说：我也参加过这个活动）！

这几个字的魅力何在？这样说会显得既真诚又可靠！也就是说，我不只在将某事灌输给某人，我自己也会亲身参与，或者使用这种产品或服务。换句话说，对方可以感受到：我是所代言产品或服务的践行者，我对自己所说的话信心十足。在所有形式的说服行为中，最困难的部分莫过于自我说服。如果我自己对某事不够有把握，就很难把它推介给其他人。如果他们问我（彼时我已经将这个活动描述得天花乱坠了）："你也会去吗？"我的回答是："不，我不会去。"那么说服他们参加这个活动的概率就会骤减。

原因就在于，如果你无法说服自己参加这个活动，他们为什么要接受你的建议，冒险参与其中？

销售产品和服务也是如此。我可以满怀激情地谈论某个产品，讲到口干舌燥，但如果说出下面这五个字，则可以速战速决。这五个字就是：我也使用它！

这也就是为什么服装连锁店会要求其员工只穿自己店里的衣服。

想象一下，你去一家服装店买东西，发现售货小姐穿的却是竞争对手店里卖的东西（因为她更喜欢那里的衣服，而她又完全有权决定自己想穿的衣服）。你还会买这家店里卖的衣服吗？研究表明，你基本不会这样做。

因此，如果你想让对方相信你说的话，如果你想让他们意识到你的产品或服务所具备的价值和益处，那么你就要：以播放幻灯片、视频和论证等各种形式让他们知道：你本人在生活中也开心地用着自己所卖的产品！

在写营销推文时，面临的最大难题是什么？

本文聚焦于营销写作一事，想要解决的是作者的写作障碍问题，这也是大多数人提笔写作时常常抓耳挠腮的部分。

此处的写作场景不仅包括书，还包括博客、网站上或者小册子里的营销内容、学术论文、文章专业指南，等等。人们写作时会遇到瓶颈，忘记了自己会的词汇，即使情况出现转机（如果他们曾经写作），他们也要花费很长时间才能再次开始写作。而最坏的情况则是，这种经历使他们感到深深的挫败感，使得他们在未来再难以写作。

基于多年与客户交往、发掘他们写作障碍的经历，我得出结论，写作障碍的罪魁祸首就是人们试图将语言变得复杂。

人们日常所用语言都比较简单，而在给出建议或发表演讲时则会对给定素材进行清晰而连贯的表述。但是，当把这些信息运用于写作时，他们瞬间便会成为哈兰·科本（Harlan Coben）或者约翰·格里森姆（John Grisham）（两位国际知名作者）——他们会用文学又复杂的方式去写作。

所以解决营销写作问题快速且有效的方法是什么？

在我看来，写好营销文字最重要的原则就是像说话那样写作！当你写东西时，想象你和别人正在就这个话题进行谈话，就把你想和他们说的话写下来。

我经常推荐给演讲者的另一条建议是：记录自己说的话，并抄写下这些材料。此外还要准备好书面的营销材料。

如果我要说的话是"举个例子"。那么书写时，我就会写"举个例子"。如果我试图让它变得复杂，写下"让我们验证这个例子"，这样的句子让人困扰，也让读者感到无聊，引起他们的不快，因为没有人那样说话！所以就用简单的语言，像你日常生活中说话那样书写。

当你表达出个人感情时,顾客为什么会买下更多东西?

给顾客写邮件有三种方式(目的是寻求合作、通知报价、进行协商等)。

第一种是正式、事务性的写法。譬如,

尊敬的鲁迪:
请查看附件中贵方要求的报价。
期待你的授权。

马特敬上

这是商界和职场中大多数人写电子邮件的方式——不带个人感情,不提及任何关于收件人的具体信息,也没有什么客套的话。

第二种方式更为亲切、礼貌而"随性"。

鲁迪,你好:
最近怎么样?

这是上次对话结束后你要求提供的报价。

望批准。

谢谢，祝你一切顺利。

马特敬上

仍然是事实性的写作，但显得更亲切、更礼貌，最重要的是，你可以通过这种措辞提一些负面的东西，但彼此仍能保持"朋友"关系。

例如，你在面试某人后认为他不适合该岗位，你可以这样处理：

方法一，不予回复。这种方法在我看来非常令人不快，违反了服务至上的原则，然而，这却是许多企业所采用的办法。

方法二，你可以用第一种方式写邮件，内容如下。

尊敬的鲁迪：

在仔细研究了你的申请后，我们认为您并非该岗位的合适人选。

人力资源部敬上

方法三，你可以用第二种方式写邮件，内容如下。

亲爱的鲁迪：

近来如何？谢谢你来参加我公司的面试。

在仔细研究了你的申请后，我们决定暂且不接纳您所提供的服务。

我们将保留与您进行合作的权利，希望您一切顺利。

顺颂时祺。

马特，人力资源部

回复的基调并没有改变（都是消极的，因为鲁迪没能得到这份工作），但是第二封邮件会让鲁迪感觉更舒服，也更有可能为你的公司"代言"，而且这样回复能够保留双方展开未来合作的可能性。

写邮件的第三种方式如下所示。

鲁迪，你好：

最近过得还好吗？

能认识你、和你聊天真是太好了。

上次和你的对话非常愉快。附件是为贵公司开办研讨会的报价，旨在提高贵公司经理和员工的销售、营销和说服能力，并为公司各部门组织团队建设。

如果你能尽快同意这份报价，我们会感到非常愉快。

期待与你合作！

马特敬上

这封邮件充满了人情味，坚持服务至上，明确提到了与客户的电话访谈、会面或邮件往来所涉及的问题（譬如研讨会的目的），也给出了个人的观点。

然而基本上没人会这么写。

但是正是因为这样，当有人用这种积极、愉悦、充满人情味（写道"和你交流很愉快""见到你太好了"或"期待合作"）的风格写信时，客户的印象会更深刻，更想与对方合作，也会用同样积极的口吻回复邮件。

几年前，我与一位出版商见了面。他是一个特别积极快乐的人。会面时，他向我展示了某个大型公司采购经理发给他的一封邮件，其意图为订购大量书籍，作为节日礼物发给她的员工。

邮件写得极为简洁明了。

内容大概如下：

亲爱的乔治：

请给我一份订购100本雅尼夫·扎伊德博士写的《创意营销》的报价。

安妮

这就是邮件的全部内容。

而他的回复则热情洋溢得多了（随信给出了报价），大概如下。

安妮，你好：

近来如何？

收到你的邮件令我兴奋不已！

我们很高兴贵公司选择了《创意营销》这本书作为礼物送给贵公司的经理和员工。我们确信他们会喜欢它，并从中获益良多。

我十分乐意把报价发给你，过后我还会给你寄几本雅尼夫·扎伊德博士的签名书。

不得不说，即使是对我这么乐观、对生活满怀喜悦、喜好热烈言辞的人而言，这封邮件写得也是过于夸张了。

"你为什么要说'令我兴奋不已'呢？"我问他，"这样说会让采购部门觉得你们几乎没卖出去过什么书，然而事实却恰恰相反啊，这本书非常成功。'兴奋不已'听起来像是在溜须拍马，而且太情绪化了。"

但是他接着把对方的回复拿给我看（她是一家大公司的采购经理，与我以及乔治都没有私交）。

她是这么说的："我们也很兴奋！很开心能够跟你合作……"

那一刻，我明白了一个很重要的道理。你怎么对待别人，别人就怎么对待你。即便再严肃、保守的人，收到别人态度热情的私人信件时也都会非常开心，并将予以同样积极的回复。积极的态度和积极的言语是无限的。

第三种方式，不仅能拉近个人和企业的距离，还能让你从竞争对手中脱颖而出，让人们对你形成正面的印象——同时还可以增加销售额！

请保持友善、慷慨、昂扬的态度。

每次与客户对话时，无论是通过邮件、电话，还是"面对面"交流，你都要给予对方私人的关注。

是否有必要关注你的产品和服务适合什么年龄的群体？

在我最小的儿子约阿夫7岁那年，有一天他在一家玩具店看到一款桌游，盒子正面写着"适宜人群：4至99岁"。他问了我一个天真而有趣的问题——"爸爸，这是不是意味着当我100岁的时候，这个游戏就不再适合我了？"

"适合4至99岁"的真正含义是该游戏适合所有人，但我更推荐的做法是向用户（当然也包括你自己在内）更清楚地指明你的产品和服务适合哪个年龄段的人使用。

从市场营销的角度来看，"推荐年龄"这种"耍噱头"的写法是非常有效的。一旦我为我的产品和服务定义了一个特定的年龄（或更准确地说是年龄范围），从表面上来看，目标受众被我缩小了（让很多人处于该"范围之外"），但事实上"转化率"却增加了（换句话说，人们会买更多东西）。

在看到了"年龄范围"的提示后，人们不免会思考两个关键问题。首先，该产品或服务适合他们吗？会对他们有利吗？其次，他们会思考（不论其自身年龄是否合适）应该把谁推荐给我。

我的新客户就是这么拓展来的。

举两个例子加以说明。

在创作儿童读物时我会在宣传语中写道："如果你家中有2至7岁的儿孙，那么这本书非常适合你！"

销售额由此得到增加。

需要注意的是，除了给出年龄范围，我还指明适用人群不仅仅为子女，同时还包括"孙子（女）"，目的就是扩大目标受众，让那些立马表示"哦，这并不适合我，我的孩子已经超过7岁了"的人考虑把它买来当礼物送给孙子孙女。

下面是第二个例子。我有一个客户，他的工作是组织世界各地的单身人士进行相亲旅行。他会对参与者的状态和年龄做出更为详细的描述，并且将行程介绍写成"针对年龄为25至35的单身男女的希腊一周游"，从表面上来看，他这样做是在缩小潜在客户，然而事实却是：前来登记的人很多，名额很快就满了。

为什么？因为这样一来，人们就很清楚（不需要思考或花费任何力气）该活动的目标受众是谁、是否适合自己，以及可以把信息告知给哪些人。

当然，在这种情况下，你的可信度和对承诺的忠诚度也很重要。

譬如说，我的客户坚决不允许25至35岁年龄段以外的人参加该旅游团，即使他们的年龄非常接近（例如为24岁和36岁）。

可能几个"被排除在外"的人会感到惊讶和气愤，但随着时间的推移，人们会发现这样做是正确的，原因就在于，由于活动组织者信守了承诺，整个团队得以实现了同质性，而且旅客不会因为同行者里有年龄过大或过小的而感到惊讶，从而出行体验会更舒适。

找准你的重心。

对你理想中的客户年龄进行限定（我在第五章谈到过如何选择你的"理想客户"），并在为产品和服务做广告时指明这个年龄范围。

PART 8

如何让人们乐此不疲地谈论你和你的产品?

▎高效说服力

让你的顾客谈论你和你的产品、服务

过去几年里,我所研究的几个吸引人的课题之一就是"病毒营销"(也叫"口碑营销")。

换句话说,就是如何让人们乐此不疲地谈论你本人和你的产品(当然,我们指的是只谈论好的方面),如何让人们变为你的"大使"——他们相信为你做宣传能增加自身利益,懂得如何助你花最少的钱、投入最小的努力达到目标。

这是一个宏大而又引人入胜的课题,也是我众多活动中教授的课题。"病毒营销"最重要的一条规则就是,如果通过谈论你和"大使们"能给其他人留下有趣、经验丰富、才华横溢的个人形象,他们就会乐于和朋友提及你。换句话说,当人们谈论你时,他们不仅仅是在营销你,也是在(无意识地)提升自身的形象。因此,他们在提升自身形象时,你就可以享受关于你和你的产品、服务的正面"八卦"和免费营销的成果。

为了证明这点,我给你举一个大家都熟悉的事例——自豪地谈论子女成就的父母们。

想想如下场景:一个骄傲的母亲与她的邻居正在谈话。她对邻居说:"我的儿子刚以优异的成绩从法学院毕业,还被国内数一数二的律师事务所雇用了。"

所有的孩子都是"优秀的学生","有才华"和"杰出"的人。当然,不仅仅是父母这么说,孩子的老师、教练以及幼儿园其他母亲在谈到小孩时也都会带着无比自豪的神情。毕竟,当话题涉及孩子时,我们都是完全客观的,对吧?

在这个小案例中母亲实际上是在营销她的儿子:她自豪地谈论他,在向其他人讲述他的成就,以此来提高她的形象。

问题就是,她为什么这么做?

她的邻居不是法律行业的成员,无法帮这位女士的儿子找到工作,也不能通过任何形式帮助到他。而且,她儿子也不是对话的成员,他完全不知道他母亲在谈论他,因此他也不会感谢母亲的这次"营销"。

那么为什么这位法学毕业生的母亲要去谈论自己的儿子?因为谈论儿子的同时,她也在代入自己的形象。

即便这位母亲完全没有参与儿子的法律研究,这个事实也说明了:儿子在专业领域所取得的成就对她意义非凡(在她和她邻居的潜意识里)。这个事实充分说明了她是一位优秀的母亲,因为她对儿子进行了恰当的教育,使得他取得了优异的成绩,并在事业之路上取得成功。因此,儿子的成功也是这位母亲的成就。

你想让你的顾客谈论你(当然,我们指的是正面宣传),即便你不在他们周围,不知道他们在推广你、你的产品或者服务。那么,你必须让他们提到你时感到很特别。

如何做到?这就是这一部分所讲述的内容。

▌高效说服力

重点展示你的成功客户

2004年,我的一位好朋友被美国一家世界高等学府的工商管理硕士（MBA）项目录取了。学费高昂,学期两年制,在此期间学生不允许参加工作（参加工作也是不可能的,因为学业压力极重）。参与此项目的学生都希望,在两年学习结束后,他们能够得到一份理想的工作和高于平均值的薪水。这笔丰厚的薪水既能够"补偿"他们没有工作的两年时间和高昂的学费,又能偿还他们为高昂学费和两年学习期间的生活费而借的巨额贷款（每笔贷款的大部分都是由你考入的美国学术机构资助的）。

我朋友很高兴能被录取。但是在随后的考察中,他找到了若干名被这个知名项目选中的学生,即那些曾经为学业贷了一大笔款（试想两年后,你刚一毕业就斩获一份薪资丰厚的工作——这便是常春藤联盟学校打造的"营销愿景"）,但是毕业后还没有马上找到好工作的毕业生。这意味着这个人被等待偿还的巨额贷款"困住"了,而没有其他办法可以解决。

我的朋友计划在27岁时贷这笔巨款,因此他想要寻找与他情况类似的人,能够将所遭遇的种种困难和"最坏的情况"都坦诚相告,而不是简简单单为学术机构和MBA学位唱赞歌。

他寻寻觅觅,但是最后……没有找到一个人。

不是因为那些人并不存在,而是因为这些名校没有意向去"展现"这些毕业生。换句话说，在学业开始之前为我朋友准备的所有会议上，他只见到了那些杰出的学生、成功的校友和大型国际集团的执行总裁们，他们都是从这所学校毕业的，并向学生宣讲，给学生们指引和鼓励。

为什么这些学术机构以这样的方式进行管理运营？因为他们在运用一项被称为"成功者偏见（幸存者偏见）"的营销策略。这是一个宽泛的概念；为了论述方便，我将简要解释。为了说服你参与一个美国的工商管理硕士学位项目，交付高昂的学费并贷一笔巨款，负担你搬来美国并在美国生活几年的费用——也包括重新安置你的家庭（如果你恰好不是美国公民）——大学贩卖给你的是一份"成功者形象"，并许诺你能够成功的卓越机会，几乎没有任何风险。不然的话，为什么那些做出自身成本效益计算的理性人，会采取如此危险的步骤呢？

所以，大学只给你展示了那些已经取得成功的毕业生，而"隐藏"了那些还未取得成功的人（通常这些人出于羞愧和不悦而自愿"隐藏"）。

这个策略可以在任何领域应用于你的客户身上，现在就是你使用它的时候了。换句话说，你应该重点展示你的"成功"客户，就是那些使用你的产品或者服务并从中获得了巨大价值和利益的客户。

如何做一个好的商业顾问？

活动摄影师、足球裁判和商业顾问的共同点是什么？

答案是：在这三者各自的行业活动中，你都不会注意到他们。

好的活动摄影师是拍摄图片的专家，他们能拍出最真实、含义最丰富的照片——照片会将参与活动的所有相关人员容纳进去；照片中既没有爱出风头的抢戏者，也没有和周围人格格不入或是惹人生厌的人。在我发表过的许多演讲以及主持过的会议和颁奖台上，经常有摄像头打到我身上，然而我却很少感受到摄影师或者镜头的存在！只有会议之后，我看到了从各个角度拍摄我的照片，我才知道有摄影师，尽管我从没有注意到他。

好裁判出现在整场足球比赛中，但在整场比赛过程中他们的名字很少被提及，身影也很少出现，也很少被谈论。人们关注的是足球队员，他们才是吸引观众来看比赛的人，并且他们才是相机聚焦关注的明星。作为一个体育迷（你们当中也是体育迷的人有这种体会），如果我在整场足球比赛中没有想到过裁判或者副裁判，没有在电视屏幕上看到他们，也没有听到解说员谈起他们，这就意味着他们的裁判工作做得很好。

但是如果你在一场足球比赛中经常看到裁判和副裁判，或者他们经常被提到，这意味着他们过多地参与到比赛中，也就破坏了比赛的整个进程。事实上，这甚至可能变成人们在之后讨论的"裁判丑闻"。

那商业顾问的情况又如何？这些原则如何应用到商业顾问身上？

据我观察，好的商业顾问要潜移默化地为客户服务。换句话说，好的顾问不能让客户过于依赖顾问。商业顾问的工作是要"授之以渔"，而不是简单的"授人以鱼"。就是说，好的商业顾问要为他的客户提供长期的技能——管理技能、营销技能、财务技能等——这样客户就会知道日后如何应用这些技能，即便当顾问没有参与或者不在的时候。

许多时候客户要我陪同他们参加商务会议，指导他们具体怎么说，或者告诉他们需要写什么内容。如果客户坚持己见，而这对他们又很重要的话，我的直觉就会告诉我：你必须这么做，实际上很多时候我也的确会按客户希望的那样去做。

但是，与我的直觉相反，我深深知道对我的客户们来说，仅仅复制我所说的话和记录下来应写下的字句并不重要，重要的——也是首要的——是他们理解自我营销、产品或服务营销背后的逻辑、思路和原则，凭借自身能力在客户和观众面前展现自己。

客户完全依靠商业顾问，模仿每一个行为、对话或者谈判，亦步亦趋，也许在短期内效果最好（也是开始阶段，效益最大化）。但是，长期来看，商业顾问的最大利益是教会客户如何在各自特定的商业领域经营自身，并揭示他们需要做的每一个招式背后的"秘密"。如果你遵循这种方法，每次要采用这些招式时，他们就会联想到你并成为你的忠实"大使"。

更重要的是，这些客户未来还会经常寻求于你——不是他们必须如此，而是他们选择如此。

有关你的众多事情，和你谈话的人最该知道什么？

你会见了一位客户，一位同事，一位供应商或者是一个场合——可能是商务、专业或者私人场合——刚刚开始交谈的某人，或是你社交网络里的人。

你需要和这个人聊一会儿天，也许一分钟，两分钟，十分钟，也许甚至不到一分钟。

在这样的场景下，就有这样一个重要的问题需要回答：关于你的众多事情，和你谈话的人最该知道什么？

在我的研讨会上提出了这个问题，收到了一系列的回复——

"我在做什么""我做什么交易""我销售什么产品或者服务""如果客户从我这里购买，他们会得到利益""如果和我共事，他们会得到什么"等。

这些都是很好的答案，他们都是在正确的方向上。不过，在我看来，这个问题最正确和准确的回答是——哪些人可以向我推荐客户。

对我们当中许多人来说，当我们问周围的人：我们跟谁关系近，谁欣赏我们，谁与我们有联系，我们具体做什么。他们会简单回答："我不知道。"或者当他们知道一些我们的情况时会说，"在高科技或者房地产领域工作""你有一家工厂"，或者"在某项领域中你有一项注册专利"。

你也许有一些已经从你这里获取产品或者服务的客户了，他们对你赞赏有加。也许他们还会回来再多购买一些（明显是当时买的不够）。但是，他们从来没有向你介绍过他们认识的客户或人群。

这意味着他们并不知道你具体是做什么的。

他们也许对你有大概的了解，也许对你从事的一些工作比较熟悉。也许他们还听说过一两项你的产品或者服务。但是，事实上，他们不知道应该向你推荐什么人、什么时候推荐以及如何推荐。

这对你来说是个坏消息。因为这意味着，在这个时刻，有许多人能够喜欢你，而又别无所求唯愿你好；有许多与你共事愉快愿意付款的顾客；他们当中有些人能够成为你的积极"使者"，能够充分谈论你并交付给你更多工作，然而却没人这样做。

这意味着你错失了许多可能销售你产品和服务的机会。如果你利用好以下"无形资产"，你就可以更成功——在商务和个人两个层面。

你的顾客。

你的名誉。

你的社交网。

如果你能将他们转变为"有形"的金融资产。

基于我2003年以来与上百家公司和组织，以及与成千上万的个体经营者和企业家的工作经历，得出一个这样的结论：人们面对的最大挑战之一（即使这或许不是最难的挑战），就是将客户们的赞赏"转变"为收益。

即使是那些在专业领域获得很高赞誉的人，那些能够提供优质服务的"内容专家"，也会有时候难以理解他们获得的赞美与他们实际收入之间的反差。这就是由于他们没有利用好这些"无形资产"，没能够将它们转变为"有形"的资产。

给你的客户提供参与体验的机会

几年前,我陪我的大儿子诺米去我们附近的购物中心看儿童剧《阿拉丁》。

对那些不记得《阿拉丁》的人来说(我的意思是,对大多数人来说,孩提时代早已经恍如隔世),故事是这样的:阿拉丁从山洞出来带走了神灯,在灯神的帮助下,他实现了很多愿望,成了一名王子,娶到了公主,二人将要在阿拉丁的宫殿里过上幸福快乐的生活。这时,一直想方设法阻挠阿拉丁的邪恶巫师,计划偷走阿拉丁的神灯。

一天,巫师把自己乔装成又老又穷的人,来到阿拉丁的家中,要用新的灯换取阿拉丁的灯。公主不知道神灯的秘密,就将灯换掉了。邪恶的巫师就掌控了神灯,并将阿拉丁变回了乞丐。

故事就是这样。现在让我们重新回到这部儿童剧上。当巫师试图说服公主给他旧神灯时(他装扮成穷人呢,但是观众中的孩子们都知道他的真实身份),公主突然转向观众,问孩子们:孩子们,你们觉得,我应该给他灯吗?

一开始孩子们因为自己突然成为剧中的一部分而吓一跳,接着他们就叫嚷着:不要!不要给他灯!

公主和巫师无视孩子们,接着巫师向公主解释:他们说是的,他们想要你给我灯。

孩子们向公主疯狂地叫喊着，不要！不要给他灯！

公主和巫师重复这些对话若干次。每次公主都天真地问着孩子们，那你们是想让我给他灯吧？接着孩子们疯狂了，大声喊回去，不！！在我们旁边坐着的一个三岁小男孩，一遍一遍喊得脸都涨成紫色的了。他把这场剧视为极为严肃的事情。不要给他灯！他想控制世界！！看这个小男孩的行为挺有意思的。

我的观点是什么？这个环节就是孩子们在这部剧里最喜欢的环节。当我在表演结束后听到孩子们和家长们的谈话，都说孩子们对这个环节印象最深。为什么？因为这个环节孩子们参与其中。在这个部分，孩子们扮演了活跃的角色（至少在他们眼中是这样的），因此，对他们而言，该剧的这段经历意义最为重大。

这也是这么多年来我一直教客户的道理：

你想让你的受众度过愉快的时光吗？你想让他们向别人谈论你吗？那么就不要仅仅传授给他们知识，还要给他们体验，给他们提供参与和积极体验的机会。

有很多方式能够达到这种效果：情况模拟，举例和示范，提问回答，适当诙谐幽默，等等。但最主要的，是让受众感觉到自己是你的演讲或展示的一部分！

激活你的客户，这样他们就更有可能与你联手，也更有可能向他人谈及你！

成功人士掩藏起来不想让你知道的是什么？

在这个自我营销的时代，大型公司和中小企业都喜欢将公司所有者、执行总裁、最高主管推到闪光灯下，并把这些人标榜成各自领域的专家，这时，他们常犯的错误之一就是，总是将这些所有者、执行总裁、最高主管塑造成超人的模样。

也就是说，他们错在将他们的所有者、执行总裁、最高主管们包装成各自领域的天才、奇迹和杰出人士，有魔法的人、天赋异禀的人等。这样的展示介绍在短时间内是个好办法，媒体也确实喜欢这样的头条，但真相是，长期来看，这样的展示从市场营销角度看是有害的。

仰视这样的专家，大多数顾客不能将自己与其联系起来，也不能对这些专家或他们旗下的服务和产品产生认同感。为什么？因为如果这样的专家是超人，具有超能力的话，作为客户的我不具备也永远不具备这种能力，那么我会经常说，好吧，难怪他（她）这么成功，因为他（她）有超能力啊。尽管作为客户的我不懂得那些难懂的专业，当我将自己与这样的超人相比时，想要提升自己或者想要平等的想法，让我放弃了寻求这些专家。

我的看法是，为了打造专家以及品质服务和产品提供者的形象，你需要将自己塑造成蝙蝠侠（一个努力工作，并且能够将个人能力发挥到极致，从而获得卓越的成就的普通人）。换句话说，你要将自己展现成一个再正常不过、像顾客一样的普通人，而不是因为什么天赋或者超能力而成功的人。你的成功源于你的勤奋、坚韧、不断精进的基本才能、主动出击的欲望、积极的态度以及不懈的努力。

　　成功人士倾向（在接受电视采访时他们常常会这样做）强调先天的才能，而隐藏后天的特质，即毅力、勤奋、努力工作的能力和把个人能力发挥最大化的能力。结果就是，客户只看到了成功，便燃起了熊熊的嫉妒之情——他们开始暗藏敌意，散布八卦，寻找借口平衡自己，或许客户仅仅仰视这些成功人士，但这样从长期来看也不利于营销。

　　客户没有看到他们花在实验室里的时间（换句话说，就是在幕后的辛勤工作）。他们在实验室里度过了太多无人问津的时光。

　　几年前，我从一场伦敦的会议返回，很高兴地发现以前的书《说服和影响大众》登上畅销书排行榜。我收到了大量的祝贺的积极信息，许多人问我是如何做到的。我不得不承认（我也不客观），这本书是极好的；在写作时我采用了某种耐人寻味的方式，因此吸引了大量的读者；但是，这本书之所以成为畅销读物不是因为我拥有创作天赋，而是因为在书写之前我做了许多平凡的工作，包括为推广书而做的许多市场营销活动；在书店和其他平台所做的推广活动。

　　我与一个规模庞大且经验丰富的专业团队合作，其间我不但投入了巨额费用，也花费了相当多的精力和时间去维系合作关系，不过，所有的努力都没有白费，都是在为宣传造势。所以，最后这本书行情喜人。但成功从来离不开毅力、勤奋和主动性。如果客户视你为超人（或者说超级英雄或者超级女英雄）而不是蝙蝠侠，那么以上这点对于客户来说很难看到、了解到。因此，与直觉相反，从长远来看，你并没有让客户崇拜、珍视你的真正动因。如果他们看好你并且想成为你这样的人（此外，如果他们理解并坚信自己也能做到这样），你的营销会更加成功。

如何让人们对你保持长久的探究和思考欲望？

2014年2月，我在一场女性商务人士的会议上发表演讲后，一个参会者走向我并对我说：尽管我们不认识彼此，而你也很可能意识不到，但你的确改变了我的人生！

由于我常常不会想当然地认为自己会有那么大的影响力，我立刻提起了兴趣，问她我为何并且如何改变了她的一生。她告诉我：我是一名讲师，过去，无论何时我要演讲，都受到严重怯场的折磨，对讲台的惧怕麻痹了我，搞砸了演讲，即使我已经尽我所能做好了准备。几年前我在另一个论坛上听了一次你的演讲，你说的一句话令我茅塞顿开。你说，演讲就是对话，是同时面向许多人的对话。这句话完全改变了我对于演讲的认知。从此以后，每当在演讲前感到紧张，每当感到一股热流从后背下面涌到后背上面时，我就深呼吸一下，提醒自己你说的话：一场演讲就是一个对话，一场演讲就是一个对话。这一切都多亏了你！

当然，听到她说的话，再次了解到我的信息有多实用，人们有多需要这些信息，我在何种程度上实现了个人理想，我是非常高兴的。让我开心的还有另外一个原因。近些年来，我一直研究"病毒营销"（也叫"口碑营销"）这一课题，并在个人活动中不断予以运用，此外，我还在各类活动中向客户讲授"病毒营销"的相关知识。

换句话说，如何花费最少的努力和成本，让人们尽可能地想起你并谈论你，并将他们变成你真正的"使者"。这位女士的故事就是病毒营销中最重要的原则之一的经典案例。

如果你给予人们确实对他们很有用的东西，一个他们能运用的工具，那么每次他们运用这个有价值的工具时就会想起你，并将他们的成功一遍遍地归于你（在他们潜意识里）。

威廉姆·巴克利（William Buckley）曾被问道：如果流落到孤岛，你想要带一本什么书？他回答：一本造船手册。

将这个故事与我刚讲的故事联系起来。那位女士听过我的演讲（每周都有成百上千的其他人和她一起听过我的演讲），我也肯定说过成百上千的话，给过成百上千的建议（知道我说话有多快的人能了解我一定说了很多话），但是众多话语中只有一句话令她印象至深，因为从她的角度看这句话极有实用性。她在恰当的时间（对她来说）听到了这句话，对她而言感触很大并让整个演讲都充满意义。从那一刻起，她开始表现得与之前不同。

那么现实中（也可说她的潜意识）每次她在演讲前深呼吸并告诫自己"一场演讲只是一个对话"之时，发生了什么？她想到了我（即便仅仅在她的潜意识里，但是那已足够）！并且她因那条建议而感激我！并且当其他讲师向她寻求建议时，她把我的事迹告诉了他们！就是这样她成了我的使者，尽管我甚至没有意识到有这件事（也没有意识到她这个人和我对她产生的影响）。你想让你的客户对你给予很高的专业评价，并在整个商界中为你（免费地）创造一个极好的声誉吗？那么请给他们对他们行之有效、有实际价值并能供他们运用操作的建议。他们会因此而感激你，并将你铭记终生。

扪心自问：你到底有多想学习如何说服别人？

你已经读完这本书了吗？现在我们看看这个小测试中你会怎么做。

扪心自问：你到底有多想学习如何说服别人？

这是一份小调查问卷。选择其中一项，测试你到底有多想学习如何说服别人。

A.当我看到有人（经理、讲师、政客、销售员、脱口秀和喜剧演员、发言人或者演讲者）在一群观众前舌灿莲花、口若悬河时：

1.我能饶有兴趣地观察，并尽可能地学习模仿，以便日后在我的领域中能像他（她）一样。

2.我很嫉妒他（她），并且我知道自己根本没有机会达到那种水平。

3.他（她）打扰到了我，我把他（她）视作狡猾的操纵者，花言巧语骗人的人，或是江湖骗子，至少是在我心底激起敌意的人。我永远不想在任何环境下成为他（她）那样的人。

B.当谈起关于提高我的公开演讲和说服技巧的能力时，我相信：

1.无论在任何水平，任何职业领域，我总能做得更好。我需要向这个领域表现最好的人、能够应用自己教授内容的人学习。

2.我能提高一点点。我无法达到真正的演讲大师和营销者那样高超的表现水平，但是经过刻苦努力，我能让我和我的生意发展得更好。

3.在这个领域我永远不能提升自己。我没有这种能力或者说不想提升。因为我既不姓奥巴马也不姓克林顿，我想我无须提升演讲能力，注定就是一个普通的讲话者了。

C.我对自我营销和服务、产品、生意营销的基本态度是：

1.不管我知道多少营销知识，做过多少营销，我永远需要知道、学习更多知识，做出更多的实际行动。我知道那些不与时俱进创新营销方式的人和不持续改造自己的人将会落伍，无论他们是为别人卖命的打工一族，还是为自己的生意奔走呼号的个体私营户。

2.相对而言，在自我营销方面，我做过一定程度的有益尝试，我很清楚：当前为了提升自我而付出的努力与个人能力和所应付出的努力之间还存在很大差距。

3.一般而言，我所理解的营销是足不出户，偏安一隅，不要对人说太多关于我做的事，专注于我的职业活动，并且相信顾客会自然而然地找到我。

你的分数（每个答案中，选择1就是1分，2是2分，3是3分）：

3～4分

你是我理想的客户。你就是我流落孤岛时想要相伴的人。

你总在学习和实践，你欣赏实际的知识和实用的工具，并且你总是在提升自我能力上进行持续的投资。

你的行动需要被激励。我将带你提升到另一个水平，无论是你的事业还是你的个人生活。

5～7分

你的一些信仰限制了你，让你裹足不前。我是指你关于公开讲话、营销和说服能力的一些信仰观点。一方面是你的职业能力，另一方面是你在现有境遇下的收入水平和人们对你的认可程度，你的信仰让这两方面产生了不对等的差距。

我强烈建议你激励自己行动起来，然后你将发现自己能够极大地提升自己，营销自己，并且增加自己的收入。

8～9分

虽然难以启齿，但我还是要说：我们不适合彼此。并不是对我而言，而是对你而言。

我全心全意地相信，并且根据经验我确定，任何人都能提升，营销意味着变得积极和主动，并且最简单、最有效、最快速地在个人、职业和商务层面上得到提升的方法，就是将你自己放到一群观众和客户面前的舞台中间。

显然你并不相信这些。

但与此同时，如果你认为你的朋友、合作伙伴、家庭成员或者同事中有能够在这份调查问卷上取得3～7分的人，请把自我激励的理念传递给他们。

给员工送什么礼物更好？

假设你决定给你的员工（或某些特别出色的员工）一份礼物，来表达感激之情，并提升员工的积极性和责任感。每个员工的预算为500美元，选择有以下三种。

第一种：给他们现金——每个员工5张100美元的钞票（或者在其工资的基础上一次性支付500美元）。

第二种：给他们500美元的"礼券"（用于在超市或时尚用品店消费）。

第三种：让每位员工享受一次酒店度假，或是和伴侣共度良宵，总价值也是500美元。

这三种选择所需的花费都是一样的。作为雇主的你会倾向哪一种？而你的员工又会倾向哪一种？从表面上来看，大部分雇主都倾向于直接给现金（最简单也最直接，因为它可以节省很多组织工作，也少了很多麻烦）。大部分员工似乎也都会选择现金（"给我钱就好，我自己知道该怎么花"）。然而，数年的研究结果却颇令人惊讶：大部分雇主和雇员最心仪的皆为酒店度假。他们第二心仪的是礼券，最不受欢迎的则是给现金或通过银行转账。

这是为什么？

因为对所有人来说，获得私人关注是最重要的。对于员工来说，给予私人关注（比如赞美、感谢、公开表扬、推荐）总是胜过提高待遇（就像在办公室里有属于自己的房间、房间视野很好、用雇主的钱买一部手机等），而提高待遇总是胜过直接给钱！与礼券相比，员工更喜欢住酒店，而与现金相比则是礼券更好一些。这对雇主来说也是很好的，因为员工会非常感激这份礼物。

如果给员工现金，它很快便会"消失"（一两天之后，他们甚至不记得从你那里收到过任何东西，这对雇主来说是非常令人恼火和沮丧的事。而如果这些钱是发放到员工的工资中的，他们甚至感觉不到，反而自己还得为此纳税）！

如果你给他们礼券，它们也会迅速"消失"，尤其是在节日期间（在一家大商场里的节日用餐或在购物中心的疯狂抢购都有可能一次性"消除"500美元，员工甚至有可能再自掏腰包来补上超出部分的费用）！

然而酒店度假呢？情况就完全不同了。首先，员工将提前一个月预订酒店（毕竟他们需要与伴侣协调并筹划假期）。然后他们会告诉身边所有的人自己的辛勤工作换来了一次酒店度假（没有人会隐瞒这种信息），接着，他们会记录下在酒店度过的每一刻，并上传到Facebook、Instagram和其他社交网络上（而且他们还会再次提到这次度假是由自己的雇主埋单的），最后，他们会满载美好的回忆和经历回来，跟所有其他员工、客户和供应商分享，在接下来几个月内，他们仍会清晰地记得这次酒店度假。

那么，假设你要奖励每位员工500美元，你更倾向于怎么做？是让他们两天后就"忘记"这份礼物，对你没多少感激之情，还是买下一位"代言人"，让他们在未来三个月内都对你心存感激？很明显，你会倾向于打造一位"代言人"，他们不但会为你做"病毒式营销"，还会在自己的熟人圈以及接触较少的人里为你的公司积极代言，即便你并没有明确要求他们这样做，也没有向他们支付"推荐佣金"。